★ 广东省教育科学规划课题（党的十九大精神研究专项）丛书之 ★
新时代广东高校立德树人工作研究系列

GUANGDONG GAOXIAO FUWU YUREN GONGZUO YANJIU

广东高校服务育人工作研究

胡庭胜◎编著

广东高等教育出版社
Guangdong Higher Education Press
·广州·

图书在版编目（CIP）数据

广东高校服务育人工作研究/胡庭胜编著. —广州：广东高等教育出版社，2022.12

[广东省教育科学规划课题（党的十九大精神研究专项）丛书之新时代广东高校立德树人工作研究系列]

ISBN 978-7-5361-6656-1

Ⅰ. ①广… Ⅱ. ①胡… Ⅲ. ①地方高校-学校管理-研究-广东 Ⅳ. ①G647

中国版本图书馆 CIP 数据核字（2019）第 296390 号

出版发行	广东高等教育出版社 地址：广州市天河区林和西横路 邮政编码：510500 电话：（020）87551597 http://www.gdgjs.com.cn
印　　刷	广东海洋印刷有限公司
开　　本	787 毫米×1 092 毫米 1/16
印　　张	12.75
字　　数	196 千
版　　次	2022 年 12 月第 1 版
印　　次	2022 年 12 月第 1 次印刷
定　　价	49.00 元

总　序

培养什么人、怎样培养人、为谁培养人，这是教育的根本问题。2018 年 5 月 2 日，习近平总书记在北京大学考察时指出："培养社会主义建设者和接班人，是我们党的教育方针，是我国各级各类学校的共同使命。高校只有抓住培养社会主义建设者和接班人这个根本任务才能办好，才能办出中国特色世界一流大学。"这一论断既明确了我国教育的根本任务和使命，又指明了中国特色社会主义大学的办学方向和方法。培养社会主义建设者和接班人，关系到"两个一百年"奋斗目标的实现，关系到中国特色社会主义事业的兴衰成败，关系到党的千秋伟业。只有将培养社会主义建设者和接班人置于这样的高度来认识，才能领悟高等教育担负的责任和使命。

国无德不兴，人无德不立。立德才能树人，要培养社会主义建设者和接班人，首先要培养其良好的道德品质和思想政治素养。2016 年 12 月，习近平总书记在全国高校思想政治工作会议上强调："要坚持把立德树人作为中心环节，把思想政治工作贯穿教育教学全过程，实现全程育人、全方位育人。"这是高校思想政治工作的新理念、新思路、新机制。就学校而言，单靠思想政治理论课、学生工作部门，或单靠思想政治理论课教师、辅导员，都难以完成立德树人的任务。完成立德树人的任务，需要专业课教师与思想政治教育工作者、其他管理部门与管理工作者协同配合、互联互通。事实上，学校的每一位教职工都担负着育人的职责，每一个部门都具有育人的功能。2017 年 12 月，中共教育部党组印发的《高校思想政治工作质量提升工程实施纲要》，对构建课程育人、科研育人、实践育人、文化育人、网络育人、心理育人、管理育人、服务育人、资助育人、组织育人的内容、载体、路径和方法进行了顶层设计，建构了新时代全程育人、全方位育人的新格局，拓宽了育人的空间和视野。

广东地处改革开放的前沿，也是意识形态斗争的前沿。一方面，改革开放和市场经济的发展，引发了高校学生思想观念、价值取向、生活方式的变化，全国高校思想政治工作遇到的一些新情况、新问题，广东高校往往首先遇到，如何引导学生并解决这些问题，需要先行一步进行探索。另一方面，广东毗邻港澳，连通海外，西方社会思潮在中国传播，往往借助广东登陆，广东成为各种社会思潮的集散地、中转站，对高校学生的思想和行为造成较大冲击。如何避免受西方社会思潮的负面影响，抵御西方国家的意识形态渗透，成为广东高校思想政治工作的难点。

改革开放以来，广东高校围绕“立德树人”这篇大文章进行了积极探索，新理念频生，新方法频出，育人方式日益多样化、立体化，既有效化解了广东高校思想政治工作遇到的困难和问题，又为全国高校思想政治工作积累了一定经验。在中共广东省委教育工委、省教育厅的领导下，组织编写“广东省教育科学规划课题（党的十九大精神研究专项）丛书之新时代广东高校立德树人工作研究系列”，旨在立足中国特色社会主义新时代，系统总结广东高校“十大育人”体系建构的基本理论、具体实践、主要成效与基本经验，以进一步加强和改善新时代广东高校立德树人工作。由于各种育人方式有其特殊性，本系列研究的内容不尽相同，但大体保持了一致的问题域和体例。比如，对各种育人方式的理论基础、目标、内容、资源、方法、平台、机制、保障、评价、队伍建设等方面进行了系统阐释，呈现了广东高校“十大育人”体系建构的生动实践。

本系列编写过程中，力求实现理论与实践、历史与现实、一般与具体、全国与广东的有机结合，使本系列具有鲜明的特点。

其一，理论与实践相结合。各种育人方式有其独特功能，在社会主义建设者和接班人培养过程中处于不同地位、发挥不同作用，丛书从理论层面对各种育人方式的功能、目标、内容、资源进行了系统分析，诠释了各种育人方式的理论基础。同时，各种育人方式侧重实践操练，本系列对各种育人方式的方法、平台、机制、保障、评价等问题进行了深度阐释，有着十分清晰的实践指引和导向。

其二，历史与现实相结合。各种育人方式的建构经历了从局部试点到全面铺开的过程，是在实践中不断探索、不断完善的结果，凝聚了广东高校实践探索的智慧，丛书力求呈现广东高校“十大育人”体系建构的历史。现实由历史发展而来，梳理历史的目的是为了诠释现实。本系列对广东高校立德树人的研究侧重于对各种育人方式现实的把握，力求在摸清现状的基础上，针对各种育人方式存在的问题，提出进一步优化和改进育人方式的对策和举措，以提升新时代立德树人的实效性。

其三，一般与具体相结合。本系列对广东高校“十大育人”体系的研究，既有一般层面的分析，又有具体案例的呈现。各种育人方式有共性问题，也存在个性差异，不同层次、不同类型、不同地域的高校，其做法并不完全相同，由此使各种育人方式的实践呈现多样性，并形成了一些典型案例。如在《广东高校管理育人工作研究》一书中，作者选择了华南师范大学、汕头大学等高校管理育人的典型案例，既增强了本系列的可读性，又增强了本系列的说服力。

其四，全国与广东相结合。本系列主要聚焦广东高校“十大育人”体系的建构，具有明显的地域特征。但在诠释广东高校各种育人方式时，能置于全国的大背景下来分析，凸显了广东高校“十大育人”体系探索的宏观意义。

中国特色社会主义进入新时代，高校思想政治工作迎来了好时机，这也对高校思想政治工作提出了新要求。新时代高校思想政治工作要取得实效，需要进一步完善“十大育人”体系，将“十大育人”体系有机融合起来，形成新时代立德树人的合力和“大思政”的格局。

2019年7月18日

目 录

第一章
绪论

第一节　高校服务育人的理论依据

高校服务育人工作的开展涉及高校工作的多个方面，在本次研究工作中，从服务育人角度针对服务育人理论研究进行探究，为研究工作的开展提供理论指导。高校服务育人以促进人的全面发展为目标，其主要以人的全面发展理论及党和国家的教育方针为理论依据。

一、人的全面发展理论

人的全面发展理论主要是马克思主义关于人的全面发展提出的重要理论，其涉及人的体力和智力方面要实现自由、和谐、可持续发展方面的内容。在马克思主义理论体系中，人的自由全面发展是人发展的最高阶段，也是理想化的发展状态，自由全面发展不仅仅涉及对自身发展目标的追求，也与德育价值目标的追求存在紧密的联系。高校服务育人工作中促进学生全面发展，能从学生的成长和思想道德发展等角度对学生实施教育和指导，使学生成长为能为社会建设做出巨大贡献的高素质人才。

通过对人的全面发展理论进行系统解读，可以看出其主要涉及三个方面的内容，即人全面发展的最终理想状态、人的全面发展存在问题的原因以及人全面发展的实现条件。其一，人全面发展的最终理想状态，即“作为一个完整的人，占有自己的全面的本质”①。这主要是马克思和恩格斯在《共产党宣言》以及《资本论》中提出的，认为人的全面发展是人发展过程中的最终状态，也是理想化的状态。人的全面发展具体涉及人的需要、人的能力、人的自由个性以及人的社会关系能实现全面发展的目标。其二，人的全面发展存在问题的原因。马克思主义认为资本主义生产方式是阻碍人全面发展的根源。虽然资本主义生产方式为人的全面发展创造了一定条件“普遍的社会物质变换、全面的关系、多方面的需要以及全面的能力的体系”②，但是产生了异化劳动和旧式分工，“只要分工还不是出于自愿的，而是自然形成的，那么人本身的活动对人来说就成为一种异己的、同他对立的力量，这种力量压迫着人，而不是人驾驭着这种力量”③。从马克思主义理论能看出，人的全面发展受到生产资料私有制以及社会分工的影响，在《1844年经济学哲学手稿》中马克思针对私有财产自由扬弃方面的论述涉及人的全面发展内容，提出社会分工会造成人智力和体力出现片面化发展的异化情况，人要想实现全面发展，就要形成自由人的联合体，摒弃旧社会分工产生的消极影响。其三，人全面发展的实现条件。人全面发展的实现受到多种因素的影响，从马克思主义理论能看出，生产力发展是影响人全面发展的最根本也是最主要条件，在社会分工被消灭的情况下，人能获得自由发展的契机，通过生产力的强化能为人创造实现自由发展的空间。而生产关系的进步是促进人实现自由全面发展的基本条件，在生产关系进步的情况下能实现社会关系的全面性，也有助于实现个人能力的全面性，对于人的全面发展产生积极的影响。此外值得一提的是，人的全面发展需要经历一系列加工和改造的过程，即智育与体育相结合对人全面发展目标

---

① 中共中央马克思恩格斯列宁斯大林著作编译局. 马克思恩格斯文集：第一卷［M］. 北京：人民出版社，2009：89.

② 中共中央马克思恩格斯列宁斯大林著作编译局. 马克思恩格斯文集：第八卷［M］. 北京：人民出版社，2009：52.

③ 中共中央马克思恩格斯列宁斯大林著作编译局. 马克思恩格斯文集：第一卷［M］. 北京：人民出版社，2009：537.

的实现产生积极促进作用，有助于提高人全面发展的整体成效。

中国共产党结合我国基本国情针对人的全面发展理论进行了重新阐释，如毛泽东提出应该促进人德智体全面发展，邓小平提出了培育“四有新人”的目标，江泽民针对人的全面发展思想进行了重要的论述，胡锦涛则从以人为本的角度对人的全面发展进行了探索，习近平总书记从中国梦以及以人民为中心对人的全面发展加以探究，这对促进人的全面发展理论在高等教育领域贯彻落实产生着重要的积极影响。

新时期高校在开展育人服务工作的过程中，要基于人的全面发展理论的指导，综合考察高校育人服务工作的现实情况和基本工作内容，针对服务育人实践进行分析，增强服务育人实践的科学性和有效性，突出高校人才培养工作的整体效果。

二、党和国家教育方针的要求

从 20 世纪 80 年代末期开始，中共中央就加强对教育改革的重视，并发布了《关于改进和加强高等学校思想政治工作的决定》，将高校服务育人工作理念纳入教育体系中，在推动教育改革方面发挥了至关重要的作用，得到社会群体的广泛认同，也成为高校育人工作优化创新的重要指导思想。近几年来，我国进一步针对高校服务育人工作的开展进行分析，并且从不同的角度进行了探索，从 2017 年中共中央、国务院印发的《关于加强和改进新形势下高校思想政治工作的意见》能看出，全员育人、全过程育人和全方位育人已经成为当前服务育人工作的重要方向，并且各学校加强对服务育人长效机制的构建，对我国服务育人工作的开展产生了极其重要的影响，也有效带动了高校人才培养工作整体发展水平的全面提高。

对高校服务育人理论进行研究，可以看出服务育人工作的开展是党和国家教育方针的重要要求。首先，服务育人是党和国家对于高校育人工作的现实要求。党的十八大和十九大都高度重视素质教育，并且针对把培养学生综合素质作为高校教育育人工作的重要方向，对高校服务育人工作改革提出了新的要求，认为高校新时期面对开放化的市场环境和思想环境，应该认识到服务育人教育的重要性，并针对具体的情况结合服务育人工作的开展进行探究，为高校人才培养工作的优化创新指明具体的工作方向，突出人才培养工作的整体发展效能。其次，高校在人才培养工作中践行服务育人的思想，是推动高校思想政治教育改革和落实立德树人根本任务的现实需要，只有按照具体的工作要求，对思想政治教育进行改革创新，强化高校大学生群体的思想素养和道德情操，引导大学生群体树立远大的理想抱负，从多角度营造和谐育人环境，才能彰显高校服务育人工作的价值，在服务育人工作的支撑下推进高校思想政治教育工作和人才培养工作的优化开展，切实突出高校人才培养工作的整体工作效能。最后，高校推进服务育人工作，是培养大学生全面发展、强化当代大学生群体综合素质的需要，只有在服务育人理念的作用下，才能逐步实现对高校教育教学资源和人才培养资源的整合分析，构建完善的高校教育教学和人才培养工作体系，使所培养的人才能实现全面发展的目标，能为改革开放的深化发展和中国特色社会主义建设做出巨大的贡献，为我国社会在当代持续稳定发展提供有力的支撑。

由此能看出，无论从党和国家的教育方针、大学生人才培养的现实需要，还是我国经济社会的建设和发展角度，都应该正确认识服务育人的重要性，并从不同的角度针对服务育人工作的开展加以探究，争取能为高校人才培养工作提供科学有效的指导，加快我国高校服务育人工作的内涵式发展进程。

第二节　高校服务育人研究成果综述

一、国外高校服务育人研究

国外针对高校教育工作和人才培养工作中开展服务育人的研究相对较少，这主要是由于国外高校20世纪80年代学校新公共管理改革的影响，公共部门的角色出现了巨大的变化，现代化的企业管理思想被引入到公共部门管理工作中，公共部门的竞争机制也得到了相应的优化。从高校后勤服务育人研究工作的基本发展情况看，在新公共管理改革的情况下，高校综合管理服务工作中相关部门呈现出明显的社会化发展进程，社会化管理程度相对较高，很多高校服务工作都由专门的组织和企业承担，使国外高校发展过程中服务育人工作的内、外部环境出现了巨大的变化。例如，德国在系统研究的基础上，成立了德国大学生后勤事务管理中心，发挥服务育人工作的效能，为高校大学生教育管理工作的开展提供相应的支持；法国成立了全国大学生事务中心机构，重点针对高校大学生实施教育和管理。国外关于高校服务育人的研究相对较少，主要针对后勤社会化改革进行探索，基本上不涉及后勤服务育人研究。从高校图书馆育人角度进行分析，能看出戴安娜·米兰达·牟利罗（Diana Miranda Murillo）在研究中重点针对图书馆服务的价值特点进行了解析，突出高校图书馆育人服务方面所产生的价值是无形的，具有极其重要的价值，是在一定时间范围内用户参与的过程。[①] 苏姗·希尔德雷恩（Susan Hildreth）在研究实践中也对此进行了分析，提出高校图书馆在服务育人方面承担着重要的责任和义务，图书馆工作的开展能为高校学生提供终身学习方面的帮助，有助于学生群体树立正确的价值理念，对学生全面发展目标的实现产生着至关重要的影响。[②] 但是，整合国外关于高校图书馆服务育人研究理论情况，我们能看出研究相对较少，图书馆服务育人方面的公共性、服务性研究有所不足，难以为我国高校服务育人研究理论体系的构建提供有力的支撑，甚至会降低本国关于高校服务育人研究工作的综合发展成效。

综合分析国外研究工作的基本情况，可以明显看出现阶段国外关于高校服务育人研究工作还处于萌芽阶段，研究成果有所不足，网络化服务育人研究缺失，难以为互联网时代高校服务育人工作的创新发展提供有效的支撑。因此，新时期在针对高校服务育人工作进行研究的过程中，要整合国外研究涉及的理论内容，在国外先进教育管理和服务理念的指导下对服

---

① MURILLO M D. The Value of Service in Library and Information Science[EB/OL]. (2005 - 10 - 13). Master's Thesis, Information School, University of Texas at Austin (US). http://eprints.rclis.org/archive/00003932/.

② HILDRETH S. Ingleside Branch Plan of Service (San Francisco Public Library) [EB/OL]. (2005 - 10 - 14). http://www.springerlink.com.

务育人工作进行全方位创新，为高校服务育人研究实践工作的开展提供相应的理论支持。

二、国内高校服务育人研究

我国长时间以来高度重视高校人才培养工作中服务育人工作的开展，并且经过不断的探索，现阶段已经初步形成相应的研究成果，对于高校服务育人工作的开展产生着重要的理论指导作用。通过对高校服务育人研究的主要理论进行汇总分析，发现主要研究集中在高校“三育人”中的服务育人，包括后勤服务育人、图书馆服务育人、志愿者服务育人以及其他服务育人等方面，不同研究方向所取得的研究成果存在明显的差异，对高校服务育人实践工作的开展具有重要的理论指导作用，有助于循序渐进地增强高校服务育人综合发展成效。

其一，高校“三育人”研究现状。我国研究者针对高校“三育人”理念中的服务育人工作进行了探究，并且不同的研究者从不同的角度进行了论述，能为服务育人研究工作的开展提供积极有效的指导。对近几年具有代表性的研究成果进行整合分析，发现主要研究体现在以下方面：李宛蔚在2016年发表的《高校三育人工作机制探索——基于八所高校及教育主管部门三育人工作相关条例的比较》文章中，主要针对所选取的几所具有代表性的高校以及教育主管部门针对“三育人”理念中的服务育人进行分析，在对比高校“三育人”工作机制建设情况的基础上，从理论和实践角度加以解读，力求能为高校践行“三育人”服务育人思想提供重要的支持和保障。[①] 姜岩、孙仁帅在2016年发表的《“三育人”视角下的高校后勤管理改革》中，明确提出在当前高校服务育人工作改革发展的过程中，要基于“三育人”工作理念的指导，对具体工作模式进行创新，尝试引入市场竞争机制，为学生提供优质化的育人服务。并且从“教书育人、管理育人、服务育人、环境育人”角度明确高校服务育人改革的重要发展方向，这对服务育人工作的贯彻落实和高校人才培养工作的系统优化创新产生了至关重

① 李宛蔚. 高校三育人工作机制探索：基于八所高校及教育主管部门三育人工作相关条例的比较［J］. 文教资料，2016（14）：106－107.

要的影响。[①] 韩银全、宓荣三、王志超在2017年发表的《"三育人"在高校学生管理中的应用——高铁1501班级管理汇报》主要是从学生管理角度对"三育人"理念的应用进行探究，并结合具体的情况对"三育人"精神的合理化应用加以阐述。[②] 在张洪营2018年的研究中，则从"三育人"高校基层党组织建设的角度进行探索，撰写了《"笃实·登攀"——基于"醒心护体 铸魂"三育人工作法的高校基层党组织标准化建设》，对于"三育人"工作理念在高校教育领域的深入贯彻落实能起到重要的指导作用，有助于全方位提高高校育人工作的综合发展成效。[③]

其二，高校后勤服务育人研究现状。后勤服务育人是高校服务育人研究的重要方向之一，诸多研究者对后勤服务育人进行探究，现已取得了阶段性的成果。例如，孙鹏在2016年撰写的《高校后勤服务育人功能研究》文章中，重点将服务作为基础，结合高校服务育人的方向加以解析，明确了后勤服务育人工作在现阶段的特点、主要影响因素以及强化育人功能的措施等，力求能为高校后勤育人工作的开展提供科学的理论指导。[④] 在袁林静2017年关于《民族地区高校后勤服务育人的创新研究》的文章中，重点针对民族地区特殊情况进行分析，针对特色高校后勤服务育人工作机制的构建和创新路径加以探索，能辅助处理民族地区高校服务育人问题，对民族地区高校人才培养工作的系统革新起到推动作用。[⑤] 王一惠、王胜本、魏志强2018年在《对现代大学后勤服务育人内容与实施措施的探讨》的研究工作中，主要结合现代大学后勤服务进行分析，基于后勤服务育人的理念对长效协同机制进行了探究，从制度、环境、行为、文化和平台五个角度

---

① 姜岩，孙仁帅."三育人"视角下的高校后勤管理改革［J］. 中国高等教育，2016（24）：43－44.

② 韩银全，宓荣三，王志超."三育人"在高校学生管理中的应用：高铁1501班级管理汇报［J］. 石家庄铁路职业技术学院学报，2017，16（3）：114－116.

③ 张洪营."笃实·登攀"：基于"醒心 护体 铸魂"三育人工作法的高校基层党组织标准化建设［J］. 科技视界，2018（35）：45－47.

④ 孙鹏. 高校后勤服务育人功能研究［D］. 长春：吉林建筑大学，2016.

⑤ 袁林静. 民族地区高校后勤服务育人的创新研究［J］. 高校后勤研究，2017（10）：38－39，43.

统筹对高校后勤服务育人问题以及优化发展措施加以研究。[①] 在高建胜、王胜本、刘旭东2018年的研究中，则将后勤服务育人研究工作的核心点放置到共同理论构建和模型构建方面，[②] 撰写了《高校后勤服务育人共同体理论构建与模型研究》，能为高校三位一体后勤服务模式的构建提供优化指导，有助于实现参与主体利益最大化目标，提高高校人才培养工作的综合发展成果。在陶媛2018年的研究中，则从“大生活观”入手，对《“大生活观”视阈下高校后勤服务育人模式探究——以徐州工程学院为例》进行了研究，[③] 能为服务育人模式的创新提供相应的理论指导和实践参考。此外，还有李玉英2019年从《岗位思政：新时代高校后勤服务育人的着力点》角度加以研究，在习近平总书记先进思想的指导下，明确了高校服务育人的价值引领，能够发挥岗位思政的育人作用，突出了高校后勤服务育人的综合发展效能。[④]

其三，高校图书馆服务育人研究现状。图书馆服务育人是高校服务育人研究的最重要方向之一，研究者主要从图书馆服务育人功用的发挥、图书馆服务创新体系的构建、图书馆服务育人工作理念的调整等角度进行分析，能为图书馆服务育人工作开展提供更加积极有效的理论支持。例如，赵红杰2016年撰写的《高校图书馆育人职能探析》[⑤] 以及孙秀丽2017年发表的《高校图书馆加强服务育人的策略研究》[⑥] 等，都是从图书馆服务育人功能角度进行分析，为图书馆服务育人工作的开展提出了合理化的建议。

---

① 王一惠，王胜本，魏志强. 对现代大学后勤服务育人内容与实施措施的探讨[J]. 华北理工大学学报（社会科学版），2018，18（5）：110－113.

② 高建胜，王胜本，刘旭东. 高校后勤服务育人共同体理论构建与模型研究[J]. 煤炭高等教育，2018，36（5）：49－53.

③ 陶媛. “大生活观”视阈下高校后勤服务育人模式探究：以徐州工程学院为例[J]. 湖北开放职业学院学报，2018，31（24）：47－49.

④ 李玉英. 岗位思政：新时代高校后勤服务育人的着力点[J]. 高校后勤研究，2019（4）：73－76.

⑤ 赵红杰. 高校图书馆育人职能探析[J]. 辽宁农业职业技术学院学报，2016，18（4）：47－48.

⑥ 孙秀丽. 高校图书馆加强服务育人的策略研究[J]. 中外企业家，2017（21）：211，213.

在刘新宇2018年的研究工作中，则总结习近平总书记重要讲话精神，针对高校图书馆服务育人工作进行了探究，在《立德树人　服务育人　提升图书馆服务水平——学习习近平总书记在全国高校思想政治工作会议上的讲话》文章中，重点从相应时代发展要求入手，基于“立德树人，服务育人”对高校图书馆服务育人模式的构建加以探索，[①] 有助于对高校图书馆服务方式进行完善，在优化资源配置的基础上，使服务高校师生群体在育人服务方面的需求得到极大的满足。此外，周玉霞在2019年的研究实践中，结合创新思想，针对《新形势下高校图书馆服务育人创新研究》进行探究，提出了当前高校图书馆服务育人存在的问题，并指明了创新发展方向，[②] 能促进高校图书馆服务育人功能的逐步实现。

此外，高校服务育人方面的研究工作中，志愿者服务育人也是重点，部分研究者对此进行了探究，如万坤利、张晓红在2018年发表的《志愿服务育人功能的实现路径研究——以研究生支教团为例》[③] 以及马舒洁在2015年发表的《加强大学生志愿者服务育人功能有效性探析——以高校法律援助志愿服务为例》[④] 等，都针对志愿者服务育人工作的开展进行了探究，明确了志愿者服务育人功能实现路径。也有研究者结合信息时代的影响，从信息化服务育人模式的构建角度进行分析，如丁璇、刘思广在2017年发表的《高校服务育人平台设计——以大学生事务中心为例》就针对一站式网络化服务育人工作的开展进行了探究，[⑤] 有助于增强高校服务育人工作的综合效果，能为信息时代下互联网服务育人体系的构建提供更加积极有效的指导。

---

① 刘新宇. 立德树人　服务育人　提升图书馆服务水平：学习习近平总书记在全国高校思想政治工作会议上的讲话［J］. 办公室业务，2018（3）：171.

② 周玉霞. 新形势下高校图书馆服务育人创新研究［J］. 科学大众（科学教育），2019（3）：173，156.

③ 万坤利，张晓红. 志愿服务育人功能的实现路径研究：以研究生支教团为例［J］. 思想教育研究，2018（9）：118－121.

④ 马舒洁. 加强大学生志愿者服务育人功能有效性探析：以高校法律援助志愿服务为例［J］. 法制与社会，2015（36）：244－245.

⑤ 丁璇，刘思广. 高校服务育人平台设计：以大学生事务中心为例［J］. 教育现代化，2017，4（20）：3－4.

国内外研究者关于服务育人的研究对高校服务育人工作的实践开展具有极其重要的理论指导作用，新时期在研究工作中要对研究理论进行整合，结合各地区高校开展服务育人工作的基本情况和现实需求提炼出有价值的信息，这能够为高校服务育人工作的开展提供更加积极有效的指导，增强理论研究工作的科学性和有效性。

第三节　高校服务与育人的内在关系

运用马克思主义观点来看，高校服务与育人二者具有密切关系，你中有我、我中有你，辩证统一于高校育人的实践当中，着眼于培育“四有新人”，培养能够承担中华民族伟大复兴的社会主义建设者和接班人的教育目标的实现。一方面，高校服务是发挥其育人功能的基础与前提；另一方面，育人是高校服务的目的和归宿。片面强调一方面而忽视另一方面，都会直接影响到高校教育目标的实现。

一、高校服务是育人的基础与保障

高校主要是由教师、干部、职工共同组成的，以育人为主要任务的教育场所，其主要采取教书与服务的方式来达到育人的目的，即所谓的“教书育人”和“服务育人”。其中，教师的基本职责主要是教书育人，而高校的干部、职工等其他成员则主要发挥着服务育人的重要作用。在教书与服务这两种方式当中，服务更具有基础性、前提性的作用。它是学校“教书育人”发挥作用的前提，对其育人效果的发挥起到了重要保障作用，高校服务本身就带有教育的特殊性质。

首先，高校服务为教学活动的开展提供基本条件和基本保障。每一位教师在每一节课上的教书授课，都需要课室的提前安排、布置，教学软、硬设备的提供，教学环境的营造，等等，这些都是学校教育管理人员所提供的服务，没有这些基本服务，离开了学校这些日常教育管理工作，教书育人活动则无法顺利进行。学校后勤部门为师生提供暖人贴心的生活服务，如为师生打造良好舒适、安全的住宿生活环境，提供健康美味的饭菜等，这些都为教师的教学活动、学生的受教育学习等提供了基本的生活保障。如果没有这些生活基本保障，何以谈育人的责任？正如国务院原副总理李岚清指出：“高校无小事，小事如果处理不好也会酿成大事。”①

其次，高校服务能够保障教书育人的实效。教师不仅是要教授学生知识，更重要的是要教会学生怎样做人。而要做到这一点，仅仅依靠课堂上的口头传授是远远不够的，教师还必须亲自示范，即“身教”，身教重于言教。从广义上讲，教师的教学活动本身就包含有服务学生的内涵，这就要求教师不仅要做好课堂教书的职责，课下还要做到关心学生、服务学生。具体要做到：第一，尊重和关爱学生。关注学生的健康成长和发展，实时了解学生的需求，解决学生在学习、生活中遇到的问题。第二，客观公正地对待学生。对待学生一视同仁，满足学生公平发展的需要。这样教师就以自身行动为学生树立了良好的榜样，这种真心为学生服务、为学生奉献的精神，将会感染到学生，为学生切实体会到、感受到，因此更有利于学生领悟做人的真谛，学会怎样做人。我们可以看出，教师通过服务学生能够保障教书育人的效果。

二、育人是高校服务的目的与归宿

高校服务不同于社会一般服务，不仅具有服务市场的特点，而且具有教育的属性。如高校后勤，是不同于社会后勤的特殊服务部门，作为高校的一个组成部分，它承担着服务与教育的双职责。高校以培养“四有新人”，培育社会主义建设者和接班人为其根本目的。习近平总书记也提出：“我们的教育要培养德智体美全面发展的社会主义建设者和接班人。”② 高校的各个部门，虽然其具体任务、工作重心有所不同，但其共同目的都是为了培养社会有用之才，即“育人”。可以说，高校的全部工作都是为了培育人才。“学校无小事，处处是教育，有直接的、有间接的、有开宗明义的、

---

① 李岚清. 在第四次全国高校后勤社会化改革工作电视电话会议上的讲话［N］. 中国教育报，2002－12－25.

② 习近平. 在北京大学师生座谈会上的讲话［N］. 人民日报，2018－05－03（2）.

有潜移默化的。"[①] 因此，高校服务的目的和归宿也是为了培育人才。

高校服务有利于育人目标的实现。主要体现在：首先，高校服务坚持育人为本。育人为本是以人为本在教育领域的逻辑展开，是我们党全心全意为人民服务的宗旨在教育领域的贯彻实施。坚持育人为本，首先要知道这里所讲的人不是指抽象的人，而是指具体的现实的人。教育是人开展的以人为中心的活动，人是教育的核心也是教育的目的；是教育的出发点，也是教育的归宿。高校服务作为实现教育目标的手段也要始终坚持育人为本，做到一切服务从学生实际出发，尊重、理解、关心学生，把不断满足学生的需要，促进学生的全面发展作为高校服务的出发点与落脚点。为此，要提高高校员工的综合素质，包括思想道德素质，管理与服务的知识、技能等，用马克思主义科学理论武装其头脑，使高校员工认识到并在服务当中自觉坚持育人为本的原则，不断了解并满足学生发展的需求，适应高校培育人才的需要。

其次，高校服务为育人目标的实现营造良好的环境。环境是指"周围所存在的条件，一般分为自然环境与社会环境"。[②] 这里所讲的环境主要指学校的自然和人文环境。学校的管理人员，通过美化校园自然环境，构建良好的校风与学风，通过对学校日常教学与工作秩序的管理与维护，能够潜移默化地影响学生的思想与行为，对教育产生重要的影响。如校园优美的自然风光，能够净化学生的心灵，提高学生的精神境界，为学生的日常生活和学习创造舒适的条件；良好的校风与学风，能够规范学生的行为，使学生在无形之中内化正确的思想观念，并外化为一定的行为。这些都具有课堂教学无法达到的教育效果。虽然自然环境和社会环境对人的影响不一样，但却是共同作用于人的思想与行为，共同影响教育效果的。

最后，高校服务为育人目标的实现提供优质的服务。与社会上所提供的以经济效益为目标的优质服务不同，高校所提供的优质服务不是为了追求最大的经济利益，而是以育人为宗旨，主要为教学、科研、师生生活服

---

① 陈静波．学校管理新论［M］．长春：吉林人民出版社，1991：40.

② 《思想政治教育学原理》编写组．思想政治教育学原理［M］．北京：高等教育出版社，2016：316.

务。高校提供的优质服务主要包括：第一，提供安全、便捷的生活保障，加强学生饮食、居住等方面的安全防范措施，为学生打造安全健康的生活环境，使学生能够健康成长，专心学习。第二，构建良好的学校环境。受美丽的校园自然环境，良好的校风、学风等人文环境的熏陶，学生能够培育积极健康的心理，培养保护环境、热爱学校、热爱祖国等良好的道德品质。

育人的辩证关系要求高校必须以育人为目标，完善学校管理和服务，为育人工作提供基础与保障。同时要求教师要运用马克思主义唯物辩证法的观点来看待育人与服务的关系，在实践中将育人与服务相结合，在服务学生的过程中更好地实现育人的目标。

第二章 广东高校服务育人的理论探索

第一节 广东高校服务育人的目标

一、提供优质服务，保障学生的合法权益

（一）全员服务，形成广东高校教育的合力

全员服务是从广东高校服务育人的主体上提出的重要目标。它是指广东高校的全体教职工作为对学生学习、生活提供服务的工作者都应该有明确的育人意识、坚定的育人责任、扎实的育人行动。同时也要求各高校内部的诸部门之间都能通力合作、相互配合，达到高校内部系统的良性互动，形成全员服务的大好格局。在当前的教育形势和国家政策的大力支持下，广东的教育事业得到了一定程度的发展，但是也不可否认这种教育的实效性还有待进一步提高和完善，教育合力的有效凝聚还需要进一步探索。广东高校服务育人提出在“大服务”理念下建设广东高校服务育人体系，要求高校的所有教职工也作为提供学生服务的主体，积极承担起服务的职责，形成全员服务的良好格局。首先，“教书”是服务。教师的主要职责就是为学生传授理论知识，解答学生疑惑。在这一活动中，他们要始终将学生作

为教育的主体，将学生的需求摆在首要位置，为学生的学习乃至生活服务。其次，“管理”也是服务，正如政府工作人员作为一定的管理阶层总是提倡做人民的公仆、为人民服务，高校的管理者也有异曲同工之妙。他们是在管理学生的过程中落实对学生的服务工作，将学生的需要、认可作为工作的出发点和立足点，服务质量反映管理质量，管理质量影响服务成效，在管理中展开服务，在服务中渗透教育。因而，高校各部门及其工作人员在高校内部的主要工作实质上都是为学生服务的工作，是围绕着高校全员“育人”这一中心职能进行的服务。调动全员服务的热情，凝聚强大的教育合力，向着共同的教育目标进发，增强广东高校教育的实效性。

（二）全程服务，抓住广东高校教育关键点

全程服务是从广东高校服务育人的时间上提出的重要要求。它是指从学生入学到毕业的整个过程中，广东高校的教职工都要承担起服务育人的重要职责，都要将育人行动落实到学生的整个大学阶段，自始至终关注学生在校成长成才的整个过程，甚至是学生走出校园后，也应当为他们提供必要的“售后服务”。众所周知，人的思想品德的形成不是一蹴而就的，而是一个漫长而持续的过程，具有长期性和反复性的特点。因此，广东高校的服务育人也必然是一个长期的过程，无论是入学前的通知书颁发、学籍管理等方面，还是入学后的课堂教育、宿舍管理等内容，抑或是毕业后的就业指导、职业生涯规划等工作，这些都是广东高校服务育人体系中的重要内容，这些内容环环相扣，贯穿于高校学生入学前后直至毕业的所有阶段，每一环的发展都直接影响到服务的整体效果和教育的整体功能。因而，广东高校服务育人的目标之一就是要做到“全程服务”，始终将服务落实到每一个环节和每一段过程。这一方面需要顾全大局，充分保证广东高校服务育人的持续性和完整性，另一方面又要针对全程中的关键点对学生进行有针对性的教育，做到有的放矢，轻重有别。例如，刚入大学的适应期和离校就业的准备期，都是学生成长过程中的重要转折点，极易产生迷茫、焦虑等多种负面情绪，如果处理不好、引导不规范就会对学生的身心健康产生负面的影响。但是，如果在这一阶段能够做好服务育人，始终坚定全程服务的良好信念，及时抓住服务的关键点和育人的主动性，就能够有效解决学生的心理问题，促进学生健康、快乐地成长。

（三）全面服务，提高广东学生的综合素质

全面服务是从广东高校服务育人的空间上提出的要求。人的自由而全面的发展这一口号最早是由马克思提出来的，是马克思主义追求的根本价值目标。当前，我们将全面服务作为广东高校服务育人体系的重要目标，强调服务的全面性和育人的全面性就是基于这一价值追求所做出的正确选择。这既是广东高校工作者对当前自身教育责任所达到的一致认同，也是实现高校学生人生价值的必然要求。广东高校贯彻服务育人理念、落实服务育人体系，要求高校工作者能够通过全面化的服务为学生的全面发展提供可能。高校服务工作者作为高校的重要一环，不仅要在学生的专业知识学习上提供重要的物质保障，更要借助言传身教的方式和以身作则的感召力对学生的德育、美育、劳动技术教育等多方面都产生深刻的影响。服务育人通过创新原有的教育方式，借助多样化的途径和手段，融教育于服务中，注重学生多方面素质的提高，从学生衣、食、住、行的各个领域为他们提供优质的、全面化的服务，将显性教育与隐性教育相结合，借助热情的工作态度、严谨的工作作风等让学生在学习好科学文化知识的同时，提升自己的道德品德，促进学生自由而全面地发展，提高学生的综合素质。实现人的全面发展是高校教育的应有之意，服务育人要始终以实现人的全面发展为目标，对学生进行全面、周到的服务，运用多种渠道和方式，全方位地开展服务育人工作，促进学生的专业素质、科学文化素质和思想道德素质的显著提升。

（四）全心全意服务，共铸高校服务育人辉煌篇章

全心全意服务是广东高校服务育人的目标之一，它要求服务育人的主体始终应当全身心地投入到高校服务工作中去，坚持用强烈的事业心和高度的社会责任感去教育学生、引导学生、塑造学生，让学生在服务工作者赤诚的热情中迅速成长、加速成才。服务工作终究是围绕着人来展开的，其核心是要解决为什么人服务、怎样服务这样的问题。显然，广东高校服务育人就是为了各高校学生而服务的，而全心全意则是对怎样服务这一问题的解答和提出的目标导向。这种全心全意服务要求广东高校学生工作者在工作中始终秉持以人为本的现代教育理念，定位好自己的岗位职责，扎实地落实工作内容，对自己的工作具有极强的认可度和崇敬感。广东高校服务育人体系要以学生个体的发展为教育工作的出发点和归宿，一切的方针政策都必须服从和服务于充分调动广大学生的积极性和主动性，最大限度地发挥他们的潜能和积极发挥自身的主体性作用，真心实意地为学生做事，竭尽全力地为学生排忧解难、保障学生的权利，在高校内部营造出“我为人人，人人为我”的服务氛围，引导当代学生树立正确的理想信念。此外，贯彻广东高校服务育人理念的工作者要高度重视教育的基础性作用，坚持“教育强则国家强”的坚定信念，用全心全意的服务感召学生、用热情洋溢的真情感染学生，帮助学生在服务育人主体的实践中自觉承担起社会责任和历史使命，努力形成正确的政治素养、纯洁的社会情操和高尚的理想信念。

二、创新教育途径，深化高校教育成效

（一）营造良好的教育环境，发挥环境育人的巨大作用

荀子有云：“蓬生麻中，不扶自直；白沙在涅，与之俱黑。”[①] 高校学生不仅受到课堂教育的深刻影响，也受到他们生活的校园环境的陶染。一方面，和谐、美丽的校园环境为学生的成长成才奠定了扎实的基础；另一方面，学生在不断成长的过程中也会逐步改善周边的环境，使其更适于自身的发展。因此，广东高校落实服务育人就应该在对学生这一特殊的服务对象进行兼具传播专业知识和思想政治教育的同时，充分考虑到环境对教育的影响，将营造美好的校园环境作为服务学生、教育学生的重要目标之一。广东高校的服务育人涉及的领域十分广泛，既包括教辅，也囊括后勤、基建等部门。这些部门本身就承载着为学生的学习生活提供便捷服务、优良环境的重要职责。现在将育人寓于其中，就是对校园的环境建设特别是文化环境建设提出了新的更高要求。它不仅需要高校的服务工作者为学生提供整洁明亮的教室、设备优良的实验室、干净卫生的食堂、整洁美丽的宿

① 荀子［M］. 方勇，李波，译注. 北京：中华书局，2011.

舍等物质环境，让学生的教育活动有充分的物质保障，更是需要通过营造和谐安宁、严谨踏实的学术氛围，积极乐观的校纪校风为高校学生提供优越的文化环境。在这样的环境内引导、感染、约束学生，对学生产生直接性的教育效果。没有这些基本的环境条件，没有完备的设施环境和文化氛围，将不仅给广东高校教师展开教学任务带来困难，也给高校学生的成长学习带来阻力。正如苏霍姆林斯基所说："对周围世界的美感能陶冶学生的情操，使他们变得高尚文雅。"美好、完善的环境为学生的个人成长提供了重要的条件。因而，广东高校开展服务育人就应当把营造良好的校园环境作为目标体系的重要内容，为学生提供适应他们全面发展的校园环境，让学生在整洁、积极的环境氛围中专心致志地学习，充实科学知识，提高文化素养。

（二）建立完备的规章制度，发挥制度育人的良好效力

俗话说："没有规矩，不成方圆"，规章制度就是高校一切工作的标杆和准绳。广东高校落实服务育人的一个重要目标是实现对高校内各项规章制度和工作规范的完善。校园内的规章制度不仅是为了规范服务工作者的行为而制定的，更是为了保障学生的权益、全面地服务学生发展而建立的。当前，在依法治国的背景下需要实现校园的法治化建设。因此，广东高校在落实服务育人体系时就必须以法治为导向，实现校园内规章制度的完善化。此外，也只有完备的法律法规和校纪校规才能够为高校服务育人作用的发挥保驾护航，才能够实现让学生从内心认可的高校服务，也才能够保证广东高校服务育人体系的合法化运转和合理化推进。因此，规章制度的完善既是广东高校服务育人的目标，也是实现服务育人的重要途径。高校工作者为了更好地服务学生，理应制定完备的规章制度，不仅是为规范自身的服务行为，使工作有章可循，也是为了让学生更好地享受校园生活，参与校园活动，保证正常的教学、生活秩序。

（三）坚持以身作则的习惯，发挥行为育人的重要功能

高校服务工作者热情的工作态度和文明的行为举止是在用身体力行的方式对学生进行潜移默化的教育。广东高校贯彻落实服务育人的理念，要求服务工作者随时随地都能够以身作则、克己奉公、忠于本职。他们在对学生进行理论教育的同时，通过自身的模范带头作用，言传身教，始终保持优良的工作作风和高风亮节的道德品质，对学生产生无形的影响。高校学生是已经有着较为独立想法与意识的成年人，很难轻易接受他人的观点和思想，因而对他们展开教育的难度是不小的。服务作为一种必须通过劳动来满足他人需要的形式，可以很好地深化育人效果。因此，广东高校工作者在服务过程中可以凭借一言一行充分发挥自身的榜样作用，让学生在心理上形成认同；用以身作则的良好习惯去引导学生朝着教育目标所要求的方向发展；用优质的服务感染学生，让学生在日常的观察中养成良好的品行。

第二节　广东高校服务育人的内涵

一、“服务育人”是高等学校思想政治教育的重要组成部分

“服务育人”这一口号最早是在 1950 年 8 月中国教育工会第一次全国代表大会上提出，这次会议明确指出教育工作应当包括“教书育人、管理育人和服务育人”这三个方面，强调“三育人”工作在我国教育工作中的突出位置。随后，1987 年中共中央《关于改进和加强高等学校思想政治工作的决定》中将“服务育人”纳入为高等学校思想政治工作的重要方面，建议“加强职工思想政治工作，帮助他们进一步树立为人民服务、为教学科研服务的思想，勤勤恳恳做好本职工作，搞好服务育人”，“服务育人”的理念得到了进一步的重视。2004 年，中共中央、国务院在《关于进一步加强和改进大学生思想政治教育的意见》中明确了“高校广大教职员工都负有对大学生进行思想政治教育的重要责任”，“高等学校各门课程都具有育人功能，所有教师都负有育人职责。广大教师要以高度负责的态度，率先垂范、言传身教，以良好的思想、道德、品质和人格给学生以潜移默化的影响。要把思想政治教育融入学生专业学习的各个环节，渗透到教学、科研和社会服务各个方面”。“服务育人”的理念也因此得到了更深层次的拓展，成为每一位高校工作者都应该秉持的基本信念。可见，无论是新中

国成立初期的教育策略，还是改革开放至今的教育政策，都始终将“服务育人”作为指导高校学生工作的重要思想之一。当然，跨越历史长河的这一思想并不是始终如一、固定不变的，而是随着时代的变化发展，不断地得到了充实和丰富，从而获得了鲜明的时代特色和与时俱进的独特意义。

二、“服务育人”理念的范畴

“服务育人”作为“三育人”理念中的重要一环，有着丰富的内涵和深刻的价值。一般来说，高校的“服务育人”有广义和狭义之分。在过去，我们说“服务育人”主要是指狭义上的内涵，强调的是图书、教务、医疗等基础服务部门的工作人员在他们服务学生的工作中落实育人活动，达到育人目的。但是，伴随着高等教育的不断发展，学生工作自身的深化改革，“三育人”理念相应地得到了拓展和完善。教育界逐渐认识到，“教书育人”“管理育人”在一定程度上也属于“服务育人”的范畴。因而，“服务育人”理念也因此具备了广义上的丰富内涵。我们当前所说的广东高校服务育人就是指广义上的“服务育人”理念，是基于“大服务”理念下的“服务育人”工作。即高校作为学生学习、生活的重要场所，其各个工作部门，无论是负责教书育人的专任教师，还是管理学生日常的工作者，抑或是提供后勤等服务工作的人员，他们都是和学生密切联系、息息相关的。因而他们在开展各项工作时都应该也必须将学生的合理需求和利益摆在工作的最高位置，围绕着怎么促使学生更好地成长发展这个中心来展开，坚信一切活动都是为了服务学生、发展学生。他们不仅仅是一名教育者、管理者，更是学生的服务者，他们的工作都打下了服务学生的深刻印记。具体来说，广东高校服务育人的理念就是要求广东高校工作者在高校工作中以优质服务为基本，以言传身教为突破，借助完善的服务设施、和蔼的服务态度、热情的工作作风教育、管理、服务学生，并在这一过程中将党和国家的关心、爱护以及当前的教育方针渗透在具体的工作中，在学生的生活上、思想上产生潜移默化的影响，引导学生在这一过程中逐渐形成高尚的道德品质和良好的行为习惯，树立起正确的世界观、人生观和价值观。

第三节　广东高校服务育人的体系

一、发展性的服务育人

发展性的服务育人就是指围绕有助于学生成长发展的诸多方面而展开的服务活动。作为高校的学生，他们正处在人生发展的重要转折点，一方面，要承担起建设祖国的重要使命，因此必然要在学校不断地学习专业的科学文化知识，提升自己的理论水平和专业功底；另一方面他们又即将踏入社会，面临着更为复杂的人际交往和社会环境，因此现实也需要他们具有能够在错综复杂的社会氛围中明辨是非、坚守本心的能力。面对这种情形，广东高校理应承担起培养学生良好思想道德素质的重要任务。广东高校服务育人体系中的发展性的服务育人就是为了促进学生的自由全面发展而存在，是在既提供专业知识学习的基础上也注重学生道德修养等多方面的发展。因而，这些都是以满足学生成长成才为直接需要，针对学生的学习提升、心理成长、生涯发展、就业指导、个性养成、能力培训等方面提供的多方面服务帮助。广东高校的服务育人体系首先就是包含了发展性的服务育人，如高校的教辅部门、心理咨询部门、就业指导规划部门、图书馆等。它们为学生开展了丰富多彩的课余文体活动和社会实践活动，为学生提供了财力、物力、人力等多方面的支持，能够让学生在这些活动中提升自我，促进自身的健康发展。

二、管理性的服务育人

管理性的服务育人是指高校工作者在管理学生的过程中落实服务。一方面对学生进行管理，将学生作为管理的对象；另一方面对学生进行服务，将学生作为管理的主体。也就是说，在整个管理活动中，学生既是对象又是主体，高校既要根据国家和社会的需求进行学生的管理工作，也要从学生的自身需求出发，落实服务活动，以服务彰显管理，以服务深化管理。因而，管理性的服务育人也是广东高校服务育人体系中的重要一环。它要求高校各部门及其工作人员在高校内部实施管理行为时要突出学生的主体地位，以学生为中心，为学生做事，将满足或引导学生的需求和期待作为重要的追求。广东高校服务育人体系中的这种管理性的服务育人主要体现在党建管理、学籍管理等这种管理性事务中。高校工作者在这些活动中一方面实现校园内的整齐、有序管理，另一方面也是为了服务学生，方便学生的相关需求。此外，工作者在工作过程中积极认真的态度也会对高校学生产生深刻的教育启发意义。

三、保障性的服务育人

保障性的服务育人就是指为了保障学生的合法权益，保证学生在校期间能够平等地行使权利、积极地开展学习、便捷地生活而提供的服务。学生是社会成员的组成部分，也是社会公民，享有公民的基本权利，如受教育权、财产权、监督权等，都需要得到保障。广东高校服务育人体系包含了保障性的服务育人，如后勤部门、基建部门、医疗部门等，各个部门通过为学生的学习和生活等方面提供服务，从而营造起一个良好的学习、生活环境，解决学生生活中的困难和不便，保障学生在校享有的基本权利。这样的一种保障性的服务育人贯穿于学生的整个大学阶段，让学生在这一次次真诚、细致的服务中感受到了全校教职工给予他们的关心和体贴，也让学生的权利和需求在一次次的服务中得到了实现和满足。例如，广东各高校的后勤部门定期开展学生座谈会，听取学生对后勤工作的意见，不仅可以直接改善高校的后勤工作质量、提升服务水平，还可以充分发挥学生的民主权利，让学生在行使权力的过程中也不知不觉地完善知识储备、获得教育。

第四节　广东高校服务育人的意义

一、有助于促进广东高校学生的全面发展

学生是国家的未来和民族的希望，他们承载着父母师长的重大期望，

承担着建设中国特色社会主义事业、实现中华民族伟大复兴中国梦的重要使命。因此，对学生进行深入有效的教育活动极其重要。但是，伴随着全球化步伐的不断深入，科学技术的迅猛发展，国家与国家之间沟通、交流深入，多元化的思想、文化碰撞更为激烈，这给学生的教育活动带来了不小的冲击，极易造成他们政治信仰迷茫、理想信念淡漠、价值追求扭曲等问题。广东作为改革开放前沿城市，又加之其特殊的地理位置，必然更易受到这一冲击。面对这样一种潜在的文化暗涌和思想激流，在新时代的背景下落实和推进广东高校服务育人体系，对广东高校的学生进行全方位的教育，就具有十分重要的意义，有利于促进广东高校学生的全面发展。

首先，广东高校学生的个人道德品质得到了提升。“德、智、体、美、劳”作为我国社会教育的趋向目标，同时也是对当今中国特色社会主义建设者和接班人素质的基本准则是否在高校教育中得到切实落实的衡量。其中，“德”作为这条基本准则中的“领头羊”，无论是在过去还是当代，都在高校教育中占据着极其重要的地位。道德教育一直是我国高校教育的重要任务，培养学生高尚的道德品质也一直是高校工作者承担的不容小觑的艰巨责任。广东高校贯彻服务育人体系，落实服务育人理念，有助于提高广东学生的个人道德品质。承担服务育人任务的高校工作者大多怀有高度的责任感和热情，具有良好的道德意识和强烈的事业心。无论是尊师重教的基本道德还是爱岗敬业的职业道德，抑或是服务奉献的社会道德等，这些都能够在潜移默化中对学生的道德品质产生深远的影响，对他们产生润物细无声的良好效果，逐步建立起他们的正确道德品质。就拿广东高校服务育人体系中的后勤工作来说，后勤工作涵盖学生学习、生活的多个方面，后勤工作者遍布在校园的多个角落。学生在校园中接触最多的人就是后勤工作者，无论是开展宿舍生活还是步入食堂或教室，哪怕是行走在校园的绿荫大道上都能够看到辛勤劳作的后勤工作者。他们用微笑的服务感化人、用整洁的服务打动人、用兢兢业业的工作态度引导人，拥有着对工作的赤诚之情和对职业认可的高尚道德。总之，他们的一言一行、一举一动都对广东高校学生的思想和行为产生了潜在的影响。这种高尚的职业道德操守，勤勤恳恳、甘当老黄牛的模范行动激励着高校学生也在日常生活、学习中养成良好的道德品质，在今后的工作岗位上树立起正确的职业道德观。

其次，广东高校学生的精神风貌也得到了提高。学生精神风貌的好坏直接影响着国家的整体形象和未来发展。一个拥有良好精神风貌的学生在学习上积极进取，在生活上热情乐观；相反，精神风貌不佳的学生极易滋生出利己主义、拜金主义等不良的价值倾向，对自身乃至周围环境都造成不利的影响。传统的育人工作不可否认也能够提高学生的精神风貌，但是这种大多是从理论说教着手的育人方式，能起到的也仅是表层化的影响，很难对学生的心理、精神产生深刻的作用，学生真正从心里接受教育内容的认可度并不够。但广东高校落实服务育人体系，打破了固有育人方式的僵化状态和局限性，通过在服务中渗透教育，在服务中感化学生，有助于学生形成良好的精神风貌，树立积极进取的人生态度。因为广东高校服务育人的关键是要在日常服务中潜移默化地影响学生的思想品德，最终达到育人的目的。这也就意味着高校服务人员可以通过整洁的着装、文明的举止、优质的服务理念、对待工作的极度热情等形式来间接感染、教育学生。试想，全校的服务工作者不仅能够为学生提供尽可能舒适的物质环境，更重要的是还能以热情洋溢的工作态度和乐观进取的生活态度在校园里工作，那生活在其中的学生怎能不被这样一种积极的氛围所感染、影响呢？作为承载祖国未来建设重任的学生怎能不奋发学习、奋起直追呢？因而，广东高校落实服务育人理念，会使得学生在这样一种积极乐观的校园环境中更乐意去主动地调节自已的情绪，树立起良好的精神风貌和人生态度。

最后，广东高校学生的专业素养和综合能力得到了全面提升。人的自由而全面的发展是马克思主义理想社会追求的根本价值目标，人只有得到了全面的发展，社会的全面发展才得以可能，国家的繁荣昌盛才得以实现。广东高校服务育人体系的贯彻实施，能够推动学生的全面发展，实现学生的专业素养和综合能力的全面提升。因为广东高校服务育人体系是将学生作为教育的主体，将学生的全面发展和学生的成长成才作为重点。他们十分注重激发学生的潜能，重视培养学生的能力，始终坚定“以学生为本”“以服务为本”的育人观念。他们既将这一理念融入高校的绿化、设施建设等硬性环境，也渗透进高校的图书馆、课堂等软性环境，将促进学生的全面进步遍布高校内部的整个体系和各个环节。在这样一种大环境中，由于软性、硬性的充分保障，使得学生的学习、生活有了很大的便利。学生在这样一种温馨和谐的校园环境中，学术研究也有了坚实的物质基础，学习主动性自然得到了明显的提高，愿意学习、乐于学习，专业知识技能的掌握也更加熟练，综合素质和能力都得到了全面的提升。

二、有助于推动广东高校教育的创新发展

高校承载着对学生进行教育、培养的重要责任，高校教育自身的发展质量直接影响到高校对学生教育的成效，甚至也会影响到整个国家未来的发展进步。广东搭建高校服务育人体系，落实服务育人理念，有利于广东高校教育的内涵式发展，不仅为广东高校教育方法的创新提供了可能，也有助于广东高校整体教育环境的优化。

首先，在广东高校内部贯彻落实服务育人有助于高校教育方法的创新。传统的教育方式大多局限于课堂上的理论教育，很难提起学生的兴趣，不利于吸引学生的注意力。这不仅导致高校教育活动本身缺乏灵活性和深刻性，也难以应对当前复杂社会环境下的抽象价值观和外域文化的激烈冲击。然而，广东高校服务育人体系的提出，不仅对广东各高校工作者在工作理念的树立上提出了新的要求，也对他们的教育方式提出了新的殷切期盼。它要求高校工作者们将育人工作渗透到广东高校工作的方方面面，融入与学生相关服务的各个领域，在服务中落实教育，将服务作为教育的一种途径。这完全不同于以往的灌输式教育，而是借助“服务”这种新型的外在形式，加之以育人的质料，构成了“服务育人”这一高校育人新模式。由于高校服务形式的多样化，比如图书馆、后勤、宿舍等，其中的教育形式也必然呈现出多样性的特点。图书馆通过提供丰富的书籍财富，后勤工作者通过完善基础设施，宿舍管理者通过提供温馨的宿舍环境等方式服务学生。在这一过程中不仅实现了服务学生的直接性目的，也借助这些书籍、设施、环境等条件为学生的教育提供了可能，让学生在知识的海洋中尽情遨游，让教育在无形中展开，极大地创新了广东高校的教育方法，让广东高校教育方法更具灵活性和吸引力。

其次，在广东高校贯彻落实服务育人，有助于高校内部教育环境的优化。高校的教育环境就是指影响教育活动以及学生思想道德品德形成和发展的一切物质环境和精神环境的总和。教育环境的好坏对学生思想道德品质的形成和发展具有莫大的影响。良好的教育环境有利于教育活动诸因素之间的良性互动，增强教育活动的成效；恶劣的教育环境则会阻碍教育中各种因素的流动，降低育人的效果。广东高校进行服务育人就是要从高校内部的各个领域、每个系统开展教育工作，将教育寓于所有高校服务之中，实现高校教育的生活化。这种服务不仅是指提供衣、食、住、行等物质保障的活动，如宽敞、明亮的教室，方便、快捷的科技条件，完善的服务机制等实实在在的物质服务，更重要的是服务工作者的精神风貌和行为举止等精神服务，如热情的工作态度、诚信的工作理念等，它们也会给学生带来深刻的影响。物质服务和精神服务共同构成了广东高校教育的物质环境与精神环境，在这种充实的物质环境与和谐的精神环境的共同作用下，高校的教育环境也得到了积极的改善。其中，精神环境是服务育人的一大亮点。广东高校服务育人体系鼓励高校工作者在工作中以真诚的工作作风、热诚的工作态度、踏实的工作行为为每一个学生提供服务，这样的一种工作热情能够促进优良校风、学风的形成，对高校学生起到很好的感染、引导和教育作用，达到优化整个高校教育环境的良好效果。

最后，广东高校内部贯彻落实服务育人，有助于高校教育质量的提升。所谓高校教育质量就是指高校对学生进行教育的水平的高低和整体教育效果的优劣程度。这种教育质量很难直接从高校教育者本身反映出来，因而主要是体现在学生的身上。学生成长发展得越快说明高校教育质量越好，反之，则说明高校教育质量还有待提升。正如马克思所说“人创造环境，同样环境也创造人”[①]，高校的服务育人就是在高校“大服务”环境下的育人活动，是兼具传播知识和思想道德教育的新型教育手法。广东高校贯彻服务育人理念，将服务作为教育的创新方式，并借此营造了温馨和谐、积

---

① 中共中央马克思恩格斯列宁斯大林著作编译局. 马克思恩格斯选集：第一卷［M］. 2版. 北京：人民出版社，1995：92.

极进取的校园物质环境与精神环境，为学生的发展提供了可能。一方面，将服务作为新型教育方式极大地激发了广东高校学生学习的积极性和主动性，并且这种服务中的形象性教育由于其可视化的特点，非常有利于加深学生的理解，提升他们对相关知识的理解与把握。另一方面，将服务落实到校园体系的方方面面，在物质环境和精神环境中满足学生需求，不仅有助于振奋学生精神，减少抑郁不安的可能性，而且有助于培养、陶冶学生高尚的道德品质，让学生在无忧无虑的校园环境中努力成长。例如，高校的后勤部门在遇到学生的报修问题时，如果能够做到及时解决、不拖拉，并且还定期地开展座谈会、收集师生意见、解决设施问题，这样的一种服务行为就不仅能够起到改善学生学习和生活条件的重要作用，还能够让他们在这种可视化的行动中真切地感受到什么叫责任、怎么做到承担责任。这种责任意识的培养恰好与高校思想政治理论课的内容相契合，深化了学生对这一知识的把握。高校学生会不自觉地在高校教职工的言传身教中得以成长，在高校教职工的以身作则中迅速发展。因而，广东高校服务育人体系的实施进一步深化了广东高校的教育质量。

三、有助于促进国家的长足进步

国家的兴旺发达与高校的发展有着密不可分的联系。众所周知，国家与国家之间的竞争大多是综合实力的竞争，这种实力主要来自两个方面：一方面是“硬实力”，另一方面是“软实力”。而过往的历史和当今的现实都深刻地告诉我们，没有众多高水平的大学，国家就不可能成为世界级大国；没有一批复合型人才，国家就不可能成为世界级强国。人才这一“软实力”的创造者对于国家的发展进步起到了不可替代的重要作用，因此，高校作为培养人才这一“软实力”的重要场所也当然不能被忽视。服务育人这一新型育人体系借助多样化的服务形式，摒弃了过去传统教育体制下忽视学生主体性地位、忽视学生个性化和差异性的错误做法，顺应了当前时代的发展要求，突出强调“以学生为中心，关心学生的发展和成长成才”的理念，始终做到“一切为了学生，为了一切学生，为了学生一切”的坚定信念，在服务中渗透教育，在服务中影响学生，在工作过程中，切实考虑学生的需求，制定科学完善的管理制度和服务措施，以真诚的工作作风、和蔼的工作态度为学生提供优质的服务。积极贯彻落实我国的科教兴国战略和人才强国战略，为国家的发展进步培养优质的储备军，为社会主义和谐社会的建设提供人力资源，为国家的兴旺发达添砖加瓦。

第三章
教学管理服务育人的实践探索

第一节　功能表现

教务处（或教务部）是高校全日制本科教学工作的主管部门，是贯彻党和国家教育方针，执行上级主管部门教育教学政策，组织全校本科教育教学改革、建设、运行的职能部门。教学管理部门的工作以服务学生的成才发展为目标，功能表现主要包括管理性、资源性、运行性和保障性的服务育人。

一、管理性的服务育人

管理性的服务育人指的是通过建立科学规范的教学管理制度，保证人才培养工作民主有序地进行，具体包括：人才培养方案的制定、修订和实施，为人才培养做好顶层设计；制定并完善教学工作相关管理制度，强化教学管理规范。

二、资源性的服务育人

资源性的服务育人指的是建设和维护各种优质教育教学资源，为本科教学和学生发展提供支撑，具体包括：本科课程和教材建设、教务管理信息系统的建设和维护、教学硬件设备和教学实验室的建设和维护、本科教学国际化资源的拓展、各类本科教学奖励和资助等。

三、运行性的服务育人

运行性的服务育人指的是教学管理部门为保证本科日常教学正常运行，面向师生开展的各项服务工作，具体包括：课程安排、教室调度安排、学生证和火车优惠卡的办理、学籍管理、中英文成绩单及各类证明性文件的办理等。

四、保障性的服务育人

保障性的服务育人指的是建立健全教学质量评估与改进机制，保证人才培养工作质量，具体包括：课堂教学质量评估（督导、学生评教等）、本科教学状态评估、专业认证、教学激励与约束机制等。

可以说，教学管理部门为本科生的教学及其管理提供了全面、有效的服务，为本科生的培育提供了强有力的功能性支撑，是高校重要的服务育人窗口。

第二节 资源、平台和保障

一、教学管理服务育人的资源

第一，课程资源。教育部高教司司长吴岩在报告中指出，课程是人才培养的核心要素，学生在大学里受益最直接、最核心、最显效的是课程。如何通过各种途径激励教师新开和优化传统线下课程？如何通过建设在线开放课程、通识教育课程、非正式课程、全英课程等多样化课程丰富课程类型和课程资源？这是各高校教务管理部门在人才培养工作中的重要任务。华南师范大学坚持课程在教学资源中的核心地位，以“优化结构，提质增量，突出特色”为原则，以本科教学工程为抓手，依托优势学科、平台、专业资源推动各类课程建设，根据本科人才培养需要，积极推动包括通识课程、教师教育课程、专业核心课程群、大学生创新创业研究课程、全英课程、专门用途英语课程等特色课程建设。2016 年学校出台《“互联网 + 资源”建设实施方案》（华师〔2016〕90 号），以“互联互通，共建共享”为原则，建设了第一批在线开放课程，在线开放课程项目 47 项、在线开放课程引进项目 10 项。在线课程丰富了学校课程资源，在某些方面颠覆了传统课堂。截至 2017 年 9 月，学校共建设通识课程 49 门，建设校级专业核心课程群 17 个，大学生创新创业研究课程 178 门，校级全英课程 49 门，校级专门用途英语课程 10 门。第二，教材资源。教材是辅助教师课堂教学、学生学习发展的重要载体，各高校教务管理部门重视学校教材建设，建立并完善富有学校特色的教材规划，依托学校优势学科专业，推进各类反映主干基础课程、专业核心课程教改成果，反映创新实验实践课程、通识课程以及课程群建设成果的教材的编写出版，同时推进数字化教材等新形态教材建设，促进高水平教材使用，使教材建设与专业建设、课程建设、教学方式方法改革、教学辅助资源建设形成良性互动，推进课堂教学方法和模式的变革，丰富在线开放课程资源，为学习者提供典型案例、拓展阅读等全方位的教学支持。

二、教学管理服务育人的平台

第一，教务系统网络平台。高校教学管理部门基本都建设了符合本校教学管理实际情况的教务系统网络平台，通过网络为学生提供全方位教学管理和教学服务，学生通过教务系统网页，可以了解专业人才培养方案、网上选课、网上课室借用、各类考试报名、查看课表和考试安排、查询成绩、查看各类教务通知等基本教学服务功能。第二，在线教学平台。随着“互联网 + 教育”理念的出现和成熟，各种线上课程和线上优质教学资源层出不穷。许多高校教学管理部门纷纷推出了在线教学平台，整合本校线上课程资源，为创新人才培养模式提供新的培养平台。基于统筹规划循序渐进、开放包容共建共享、引领创新深度融合、应用驱动育人为本的原则，华南师范大学从 2015 年底开始推进“互联网 + 创新人才培养”行动计划，学校教务处与网络中心合作，研发建立了“砺儒云课堂”在线教学平台。目前，已有300多名教师、241门课入驻“砺儒云课堂”平台。通过网络教学平台为学生提供电子化学习资源、布置和提交作业、开展小组研讨等，大大推动了线上线下混合学习模式的改革，学生自主学习、合作学习的趋势不断增强。第三，师范生远程实习工作坊。在平台建设方面，广东高校还根据学校人才培养需求建设学校特色的个性化教育平台。华南师范大学作为传统师范院校，为强化教育实习的指导工作，提高实习的实效性，教务处在混合编队教育实习中，面向语文、数学、英语等13个专业九大学科的师范生，建设了教育实习远程指导工作坊网络平台。华南师范大学共计设立了三类实习工作坊，包括课堂教学指导工作坊、班级管理指导工作坊和综合指导工作坊。其中，课堂教学指导工作坊围绕备课、上课、辅导、批改、考试、评价、说课、观课、评课等主题开展指导；班级管理指导工作坊围绕班干部选拔与培养、班级文化建设、主题班会组织、学生转化、学生心理辅导、综合性实践活动开展等主题开展指导；综合指导工作坊围绕信息技术与教学的融合、教育调查、文体活动开展等主题开展指导。

三、教学管理服务育人的保障

第一，制度保障。高校教学管理部门从教务的角度，出台了系列服务育人的制度，从人才培养的顶层设计到各种细致的教学服务流程，通过完善系列管理制度，强化教学管理规范，为各类人才培养提供较为全面的制度保障。第二，硬件保障。在高校中，教学楼、实验室等各种教学场地的建设和维护，虽然不是教学管理部门直接负责的事务，但是与资产设备管理部门、课室管理中心沟通协调，保证教学楼和各种教学设备正常运行，满足教学要求，也是教学管理部门的重要工作职责。第三，经费保障。为加强学生实践能力、创新能力培养，高校教学管理部门纷纷投入经费开展本科生竞赛资助项目，鼓励学科交叉融合，鼓励跨院系、跨专业联合申报项目，鼓励开展科学研究、产品研发和技术发明等设计性、综合性、创新性的实验项目，教学管理部门为学生的系列竞赛项目和实验项目提供较为充足的项目经费保障。

第三节　方式方法

一、树立科学管理观念，增强管理意识

提高对教师的管理意识，加强对教师的管理非常重要，不仅可以保证教学管理的效率与质量，还可以为学生营造有利的学习氛围。因此，增强管理意识，树立科学的管理观念非常重要，直接关系到管理工作的开展实施。树立科学的管理理念，增强管理意识需要从以下几个方面着手：第一，提升教师管理意识，使教师意识到参与教育管理的重要性。第二，加强对教师的管理。通过加强对教师的管理，可以规范教师的行为，提升教师的教学能力与水平，保证教学效率与质量。加强对教师的管理需要从两方面着手：一方面，加强对教师的培训，加大培训力度；另一方面，加强对教师的评价管理。

二、创新课程教学管理，提升教学质量

注重教学过程，做好教学过程的每一环节非常重要，有助于加强教学质量，提高教学水平，促进教学活动的有效开展。

第一，课堂教学方面，管理理念要由传统的重教师“教”向重学生“学”转变，由重“知识传播”向重“生命发展”转变，要以全体学生的全面发展和主动、健康发展为目标，以人为本的课堂教学管理是最适合当今课堂教学管理实际的；同时课堂教学管理需要一个完整的、鲜活的人生观，也需要在具体的目标基础上获得生成性目标，这就要求我们设置具体目标时，达到规范课堂行为，维持课堂秩序，保证课堂教学的顺利开展等最基本的目标。主要体现在积极强化预设的基本目标，建立课堂常规，使学生达到专心课堂活动，为自己的行为负责并表现出健康和谐的人际关系，同时使目标具有发展性，既立足于学生的健康发展，又立足于整个课堂的发展，把个人目标与集体目标、一般目标与具体目标相结合，通过师生共同建构课堂目标，形成课堂的新秩序，为课堂可持续发展建立良好的规则

和目标，建立高效的管理运行机制。

第二，教学评价方面，加强对教学质量的管理。通过创新教学评价体系，构建科学的评价标准，可以有效地开展教学管理工作，提高教学的质量，按照教学实际开展教学，保证教学的针对性以及有效性，确保教学活动的开展实施。

三、运用网络信息平台，提高管理效率

本科教学管理工作中的就业指导、招生录取、论文答辩、专业培养等环节日益信息化和网络化，现代化信息技术已经渗透到教学管理中的各个环节中。应该运用网络信息平台统一安排本科生的考务管理、学籍管理、成绩管理和日常管理等工作。此外，基层管理单位还可以建立相关网站，并在网站上发布管理文件和规章制度，公布最新的管理咨询，加强与学生的沟通和交流。同时，还可以建立专业微信群、班级 QQ 群、学院公共邮箱等，增强信息传递的时效性。合理运用信息化平台不仅可以及时传输和共享资源，还能减少基层管理人员的工作量，进而提高教学管理的工作效率。

第四节　典型案例或创新实践

一、从小处着手，把教学服务工作做细

为引导学生的学习积极性，中山大学和华南师范大学等高校在教学楼或课室门外的公告栏上粘贴每一个课室的具体上课情况表，为有跨年级、跨专业学习需求的学生随堂听课提供便利的查询途径，为寻找自习课室的同学提供指引。为满足学生在求职、深造、各类职业考试等过程中对中英文成绩单和各类教学类证明的打印需求，近几年来，各所高校纷纷引进了学生自助打印系统，中（英）文在读证明、中（英）文课程修读证明、中（英）文学业成绩单、中（英）文辅修成绩单等证明文件均可以由学生在自助打印系统自主打印。针对本校学生的特殊需求，华南师范大学还上线了专供报考“全国中小学教师资格考试”使用的学籍证明。随着以生为本、

服务育人的理念日益深入人心，各高校教学管理部门主动考虑学生学习生活的各种合理需求，不断将服务育人落实到各项具体工作中，为学生提供精细服务、特色服务。

二、依托信息化，把服务工作流程做简

以华南师范大学为例，学校教学管理部门在工作中重视利用信息化技术，简化各种办事流程。2013 年开始，教务处对学校公共教学楼管理进行了信息化改革，通过利用校园网和教学管理系统等资源，在大学城校区试点，并在全校三个校区全面推行课室借用网上申请—审批机制，实现课室借用的无纸化、信息化管理；利用移动小木平台实现移动智能终端上学生成绩查询、学生个人课表查询、教室使用情况查询、收费注册查询、考试时间地点查询等自助服务；四六级考试、普通话等级考试、计算机等级考试等各类校内考试全面推行网上报名、网上缴费、网上自助打印准考证模式，减少学生奔波劳累，简化服务流程，提高工作效率。

三、放开“门槛”，把转专业工作做新

为充分调动学生学习的主动性和积极性，满足学生个性化发展的需求，华南师范大学不断加大转专业开放力度，从 2016 年开始全面实施转专业方案，学生自主申请不设门槛，优化遴选程序。550 名学生自主申请转专业，通过两轮遴选，共有 334 名学生经转入学院考核获准转专业，较 2015 年增长 88 人，增幅达 35. 8% 。2018 年，该校又在全省率先推行以生为本的转专业机制，取消年级限制，取消转出条件限制，支持学生“追求卓越，自主发展”，共有 561 名学生经转入学院考核拟获准转专业，较 2017 年增长 117 人，增幅达 26. 4% ，获得学生一致好评。未来，学校将通过对“学籍注册—教学运行—毕业审核”整个教学运行流程的改革与规范，真正实现学生的“三自主”（自主选择专业、自主选择课程、自主选择毕业）。学生将可以不限年级、不限专业、不限次数，只要通过考核，就可以实现转专业。

四、多渠道助力，把创新创业工作做强

教育部在《关于大力推进高等学校创新创业教育和大学生自主创业工

作的意见》中指出："在高等学校开展创新创业教育，积极鼓励高校学生自主创业，是教育系统深入学习实践科学发展观，服务于创新型国家建设的重大战略举措；是深化高等教育教学改革，培养学生创新精神和实践能力的重要途径；是落实以创业带动就业，促进高校毕业生充分就业的重要措施。"为启蒙学生创新意识和创业精神，提高学生的创新创业能力，华南师范大学构建"通识教育—专业教育—非正式课程"三个层次的创新创业教育体系，将创新创业教育融入人才培养全过程。2018 年在省内首次举办"创新创业周"，二、三、四年级本科生的课堂教学停课一周，专门开展创新创业教育与专业实践活动，举办学术讲座、竞赛、展览、考察调研等活动约 500 场次。建成综合性创新创业基地，启动创新创业先锋训练营项目。学校建设了大学城"众创空间"创业孵化基地和南海创客工作坊，包含主题创客区、孵化区、开放区、资源共享区等区域，面积达 3 500 平方米，集众创、众包、众筹、众扶等功能于一身。华南师范大学创新创业先锋训练营项目启动，组织三批新加坡南洋理工大学创业创新海外精英研修班，选派 60 多人赴新加坡参加为期半个月的暑期研修；选拔 11 人赴美国斯坦福大学和加州大学伯克利分校学习，推进创新创业教育国际化。

五、虚拟第三学期

线上课程与学制改革的融合创新。华南理工大学于 2018 年暑假推行的"虚拟第三学期"，以大规模在线开放课程（MOOC）教学为载体，建立"循环开课、自主修读、统一考核"的修读模式，学生通过学习线上资源，参与在线活动，完成在线作业和考试，总分达到考核标准后获得学分。通过利用寒暑假修读在线开放课程，延展学生有效学习时间，每个学生最多可通过"虚拟第三学期"认定 4 学分的通识课程学分和 2 学分的专业选修课学分。学校鼓励学生利用假期时间修读选修课程，拓展个人兴趣爱好。同时，通过慕课、直播课、QQ 群等多种形式组织的在线学习，突破了传统课程的地域和时间限制，是对课程教学模式改革的有益尝试，取得了较好的教学效果，受到了学生的欢迎和好评。

第四章
图书馆管理服务育人的实践探索

育人是高校的根本任务。图书馆是高校的重要组成部分，为高校三大支柱之一，是高校教学和科研的重要辅助机构，在服务工作中渗透着对大学生价值取向及其思想、行为的影响和教育。在2015年修订的《普通高等学校图书馆规程》中，图书馆明确肩负着“育人”的重要任务。规程指出：“高校图书馆的主要职能是教育职能和信息服务职能”，“图书馆应充分发挥在学校人才培养、科学研究、社会服务和文化传承创新中的作用”，“图书馆应全面参与学校人才培养工作，充分发挥第二课堂的作用，采取多种形式提高学生综合素质”，“图书馆应制定相关规章制度，引导用户遵守法律法规和公共道德，尊重和保护知识产权，爱护馆藏文献及设施设备，维护网络信息安全”，“图书馆应为学生提供社会实践的条件，设置学生参与图书馆管理与服务的岗位，支持与图书馆有关的学生社团和志愿者的活动”。2017年2月，中共中央、国务院印发的《关于加强和改进新形势下高校思想政治工作的意见》提出，“坚持全员全过程全方位育人”。作为高校“三育人”的重要一环，其德育功能及实现是高校德育工作的重要组成部分。

图书馆对于大学生的教育是在文献信息资源的传递、利用和读者自愿接受教育的基础上，使其在思想信仰、道德行为、价值观念和专业知识等方面得到提高，这种教育方式不同于教师课堂上的直接灌输，也不同于行政部门的行政命令，是一个潜移默化的思想工作过程，有较强烈的渗透性，具有隐性功能。但随着阅读推广活动成为高校图书馆的重要功能之一，其教育职能也开始显现出显性功能。

第一节　功能表现

杜翠灵认为高校图书馆的德育功能有："文献信息资料的知识育人功能；读者工作的服务育人功能；规章制度的管理育人功能；阅览场所的环境育人功能；网络环境的育人功能。"① 现代高校图书馆服务育人是依赖馆藏文献的丰富资源、馆舍浓厚的人文环境、现代的技术设备设施、管理人员的优质服务实现的。因此，高校图书馆服务育人，其具体功能表现为以下五个方面。

一、知识育人

高校图书馆是学校的文献信息资源中心，拥有开展德育工作的先天优势和丰富资源。图书馆收藏的文献，绝大部分是知识性文献，这也是图书馆有别于博物馆、档案馆、美术馆和科技馆很重要的标志。作为知识中心，高校图书馆的资源经过合理开发利用，就可形成系统、全面、高质量的德育资源，大学生在此获取信息、增长知识、拓宽视野、修养身心，高校图书馆成为大学生整体德育的有效延伸和重要补充。

二、环境育人

陶行知先生说过"一种生机勃勃、稳定和谐、健康向上的环境氛围，本身就具有广泛的教育功能""近朱者赤，近墨者黑""春风化雨，润物无声"等，说的都是环境对人才成长有较强的影响作用。大学生若被动地接受环境影响，环境就表现出较强的客观影响作用；大学生若主动地利用与开发环境，就能驾驭环境，让环境为大学生服务，这时的环境就不再是单

① 杜翠灵．新时期高校图书馆德育功能探析［J］．边疆经济与文化，2011（8）：53－54.

纯的教育者“育人的环境”，而是“能够育人的环境”，与教育者一样具有积极的“育人”功能。高校图书馆是高校建设和发展水平的重要标志，作为校园文化和社会文化建设的重要基地，大学生不仅受校园大环境的感染，也受到来自馆内深厚的文化、学习氛围环境更直接的熏陶。近年来，高校图书馆重视环境育人，通过空间再造，建设了舒适的交流、休闲、学习、文化环境。浓郁的文化内涵，对新时期高素质人才培养、大学生的身心发展产生巨大的潜移默化的教育作用。

三、服务育人

服务是高校图书馆的核心价值。图书馆每天都要接待大量的读者，馆员是读者服务工作的主体，是文献信息资源与读者之间的桥梁与纽带，其一言一行、一举一动都有道德示范作用。读者服务工作的质量对正在形成世界观和人生观的大学生来说，其影响是直接和深刻的。作为广义的教师，馆员在提供优质高效的文献信息服务时，其高尚的思想品德、全面的文化素养以及热情周到的服务、熟练的业务技能、端庄得体的仪表、文明的言行举止等良好职业素养，会给大学生带来满意和愉悦，也会让大学生心灵深处受到德与美的感染和教育。

四、制度文化育人

“学校的长处全在于制度，它包括了学校发生的一切事。因为制度才是一切的灵魂。”[①] 制度化是学校的基本属性，任何学校制度文化均蕴含着独特、丰厚的育人价值。图书馆的管理制度，其育人价值应是制度规约和道德认同的统一，它促使大学生在遵守制度规则的基础上认可并服膺道德。制度认同与道德自觉的统一，是涵养大学生良好道德品质并提升其思想道德境界的精神食粮。高校图书馆针对读者制定了各项管理制度，如《入馆须知》《读者文明守则》《书刊借阅规定》等，这些规章制度体现了图书馆对读者规约性的要求，有力地保障了图书馆正常的工作秩序，也体现了对

① 夸美纽斯．夸美纽斯教育论著选［M］．任钟印，选编．任宝祥，等译．北京：人民教育出版社，2005：247.

读者形成自律的道德品性的基本要求。设立科学合理的管理制度、人性化的管理方式、寻求读者的认可和接受，使大学生能够自觉遵守，就能产生良好的规范和教育效果。

五、新媒体育人

信息时代，网络已成为大学生学习和生活中不可缺少的一部分。众所周知，数字信息时代，高校图书馆面临着严峻的挑战，图书馆信息中心优势被不断消解，但同时，网页、微信、QQ 等网络媒体工具，作为图书馆系统与网络技术，在广泛应用并服务于读者。虚拟环境下的图书馆服务同样对大学生具有广泛的影响，其对于高校德育工作的冲击和影响不容忽视。广大读者为获得各种文献和信息，经常访问图书馆网站查询电子资源，进行书刊、空间的自助查询、续借、预约等，以及利用图书馆媒体平台进行交流。因此，高校图书馆充分利用网络媒体服务平台，打造人性化、便捷的网络环境，适应大学生的网络文化和语言，就能充分发挥网络阵地的德育功能。

第二节　资源、平台和保障

高校图书馆在服务育人的过程，既可作为个体存在，又可作为系统存在。作为个体，每个高校图书馆都建立了一套育人体系，功能大小不一。作为系统，高校图书馆同样建立了联盟体系等平台，利用联盟进行交流和合作。

一、广东高校图书馆服务育人的资源

图书馆资源有文献资源和空间资源，其中文献资源又包括纸质资源和电子资源。

（一）纸质图书累积量

广东省共有 107 所（2015 年为 108 所）高校图书馆提交了有效的 2016 年纸质图书累积量数据。据统计，这 107 所高校图书馆共累积纸质图书

1.24 亿册（2015 年为 1.15 亿册），馆均累积纸质图书量为 115.60 万册（2015 年为 106.34 万册），较 2015 年馆均累积纸质图书量增加了 9.26 万册，上升了 8.7 个百分点。

（二）读者座位数

广东省共有 111 所（2017 年为 107 所）高校图书馆提交了有效的 2016 年读者座位总数数据。据统计，2016 年广东省已提交数据的 111 所高校图书馆共设有 243 688 个读者座位（2015 年为 229 189 个），平均每个馆有 2 195个座位（2015 年为 2 142 个），座位数平均值较 2015 年略有增加，上升了 2.5 个百分点。

二、广东高校图书馆服务育人的平台

高校图书馆服务育人的平台是指广东省高校图书馆区域合作与资源共享的平台。

（一）广州大学城资源共享平台

共享平台包括联合目录、虚拟参考咨询、门户平台、统一认证、文献传递、通借通还登记系统、移动图书馆等各项功能。广州大学城 10 所高校（中山大学、广东药科大学、华南理工大学、华南师范大学、广东工业大学、广州美术学院、星海音乐学院、广州中医药大学、广东外语外贸大学、广州大学）的大学生可以通过广州大学城资源共享平台获取纸质资源的需求，同时，共享平台还订购了博看期刊数据库、书香广州大学城和中科 VIPExam 考试学习资源数据库三个数据库等电子资源，供广州大学城十校师生共同使用。

（二）广东省高校（含省属中职学校）电子资源集团采购与政府招标

由广东省高等学校图书馆情报工作指导委员会组织，目的是使广东省高校图书馆电子资源采购更加专业、规范、高效，节省大量的人力、物力和财力，推进广东省高校图书馆数字资源的“共知、共建、共享”，实现全省高校图书馆利益最大化。

（三）文献传递

文献传递是将用户所需的文献复制品以有效的方式和合理的费用，直接或间接传递给用户的一种非返还式的文献提供服务。如果师生读者在学校图书馆现有的资源（纸质资源和电子资源）中找不到所需要的原文文献（主要为论文），就可以到图书馆申请开展文献传递服务。

文献传递传入方面，广东省共有44所（2015年为47所）高校图书馆提交了有效的2016年文献传递传入量数据，共计115.01万篇文献（2015年为160.23万篇）。

（四）广州地区高校图书馆联盟

1994年，在广东省高教厅和省高等学校图书馆情报工作指导委员会的组织下，由华南理工大学图书馆牵头，成立了广州石牌地区高校图书馆协作组，包括华南理工大学、暨南大学、华南师范大学、华南农业大学、广东工业大学、广东技术师范学院[①]6所高校。2008年，南方医科大学、广东金融学院、广州体育学院、广东外语外贸大学、广州中医药大学加入协作组，遂改为广州地区高校图书馆联盟，目前联盟有11所学校图书馆。联盟建立区域性共建共享的文献保障模式，开展馆际互借和资源（包括空间资源）的利用。联盟高校学生可以互相到图书馆学习和借阅图书、查看资料。馆际互借，不仅缓解了图书馆经费、资源（包括空间资源）不足与读者日益增长的文献需求之间的矛盾，也对教学科研起到了很好的支撑作用。

三、广东高校图书馆服务育人的保障

（一）经费保障

如表4－1所示，2016年广东省共有110所（与2015年相同）高校图书馆提交了有效的文献资源购置费数据。据统计，2016年广东省高校图书馆文献资源购置费达到5.90亿元（2015年为4.71亿元），占年度总经费的87.02%（2015年占比86.90%），较2015年略有上升，表明文献资源的购置仍是广东省高校图书馆经费投入支出的重要部分。2016年广东省的平均值为536.56万元（2015年为428.62万元），较2015年有较大的增长，上升了25.2%，略高于全国平均值（529.5万元）。

---

① 现更名为广东技术师范大学。

表 4－1　2015—2016 年广东省本、专科院校图书馆文献资源购置费平均值

学校类型	2016 年			2015 年		
	学校数/所	占比/%	平均值/万元	学校数/所	占比/%	平均值/万元
本科	53	48.18	888.28	51	46.36	727.84
专科	57	51.82	209.53	59	53.64	167.71
合计	110	—	536.56	110	—	428.62

一是纸质文献资源购置费。如表 4－2 所示，广东省共有 109 所（2015 年为 110 所）高校图书馆提交了有效的 2016 年纸质文献资源购置费数据。据统计，2016 年纸质文献资源购置费达到 3.18 亿元（2015 年为 2.76 亿元），较 2015 年增加了 15.2%，在文献资源购置费中的占比为 53.90%（2015 年为 58.60%），较 2015 年有所下降。2016 年广东省的平均值为 291.43 万元（2015 年为 250.94 万元），较 2015 年有所增加，上升了 16.1%，高于全国平均值（264.1 万元）。

表 4－2　2015—2016 年广东省本、专科院校图书馆纸质文献资源购置费平均值

学校类型	2016 年			2015 年		
	学校数/所	占比/%	平均值/万元	学校数/所	占比/%	平均值/万元
本科	53	48.62	430.91	51	46.36	383.58
专科	56	51.38	159.41	59	53.64	136.29
合计	109	—	291.43	110	—	250.94

二是电子资源购置费。如表 4－3 所示，广东省共有 100 所（2015 年为 98 所）高校图书馆提交了有效的 2016 年电子资源购置费数据。据统计，2016 年广东省高校图书馆电子资源购置费达到 2.71 亿元（2015 年为 2.05 亿元），平均值为 270.88 万元（2015 年为 209.08 万元），较 2015 年有了较大增长，上升了 29.6%，但低于全国平均值（288.1 万元）。

表4－3　2015—2016年广东省本、专科院校图书馆电子资源购置费平均值

学校类型	2016年			2015年		
	学校数/所	占比/%	平均值/万元	学校数/所	占比/%	平均值/万元
本科	51	51.00	474.20	46	46.94	402.29
专科	49	49.00	59.25	52	53.06	38.15
合计	100	—	270.88	98	—	209.08

（二）馆舍保障

广东省共有107所（2015年为99所）高校图书馆提交了有效的2016年馆舍面积数据。据统计，2016年广东省高校图书馆馆舍建筑总面积为240.59万平方米，馆均面积为2.25万平方米（2015年为2.24万平方米），低于全国平均值（2.49万平方米）。

（三）人员保障

广东省共有110所（2015年为103所）高校图书馆提交了有效的2016年在编馆员人数数据，合计3 240人，馆均人数约为29.5人（2015年为29.9人），低于全国馆均人数38.1人。

馆员性别方面，有110所高校图书馆提交了馆员（包括在编与不在编馆员）的性别信息，共计3 273人。其中，男性馆员960人，占比29.33%（2015年为918人，占比29.28%），较2015年略有上升，低于全国占比（32.98%）。女性馆员2 313人，占比70.67%（2015年为2 217人，占比70.72%），较2015年略有下降，高于全国占比（66.69%）。

第三节　方式方法

一、借阅服务

借阅服务是图书馆最基础的工作，也是图书馆服务育人最直接、显性的方式。主要为学生提供图书分类查找、借阅、数字文献、文献信息咨询等相关工作，直接面向读者的服务有办理借阅证、办理借书和还书、接受

读者文献信息咨询等；间接面向读者的服务有图书上架、倒架、整理书架等，将丰富的图书资源呈现在读者面前，让读者方便快捷地找到图书。随着互联网的普及以及移动数字资源的应用，图书馆在馆藏纸质文献的同时也馆藏电子文献，通过馆员及时获取、推广、管理电子文献以及相关网络信息，实现了24小时网上服务，为读者提供移动文献信息查询、下载、个性化的电子文献咨询等服务。

二、空间服务

空间服务是图书馆从封闭走向开放后发展的又一重要服务育人方式。主要是创设优雅文化环境，为读者在开放的书库提供阅览、学习服务；在共享空间交流、协作、自助服务等。

阅览、学习服务主要是在传统典藏阅一体化的书库、普通阅览室满足读者的阅读和自习需求。图书馆在服务上，努力使空间设计更加人性化、生活化，积极营造舒适、优雅、轻松的阅览环境；阅览桌椅以及书架的材质、间距、高度符合读者人体工学需求；检索系统便捷以及导向标识识别清晰，使读者能够在最快的时间获得所需要的信息。

图书馆的共享空间服务是20世纪后图书馆发展起来的新型空间的服务。共享空间主要类型有信息共享空间、学习共享空间等。主要为读者提供基于网络的虚拟层面的服务，读者可以从用户端获得经过图书馆整合了的数字资源和其他在线信息资源；提供基于物理空间和设施的实体层面的服务，由馆员在这里设计、组织和提供活动以及进行服务管理。信息共享空间和学习共享空间，它们在构建框架上是相同的，都是提供一站式服务中心和协作学习环境，但不同的是学习共享空间是信息共享空间发展的高级形态，它在满足学生需求的基础上，更加注重人才培养的成效，即更加强调促进学生协作式学习，致力于读者与学习共享空间之间、读者与读者之间的互动、交流、协作，在实现信息共享和资源共享的基础上，实现知识的共享与创造，包括知识的交流、隐性知识的挖掘和知识的创新增值。

图书馆的自助服务，是在网络和技术日益发展的现代社会中，由传统的人工管理逐渐转变为自动化的服务。图书馆通过购买或开发自助设备和网络平台，为读者提供更为广泛、分类更加细致的信息服务，读者能够通过自助的方式，迅速找到所需的各种资料；实现更加方便、快捷的服务，在借阅、预约和续借方面的操作也更加的方便快捷。如自助查询机、自助借还机，网络平台软件的预约和续借图书、预约空间等，这种服务模式的转换，大大提高了图书馆的工作效率，同时为读者提供了高质量的服务。

三、阅读推广活动

阅读推广活动是20世纪90年代以来图书馆践行教育职能的重要工作之一。在阅读推广大潮中，图书馆因为是体系成熟、资源富集、专业化程度高、布点广泛的文化基础设施，成为阅读推广的一支核心力量。“阅读推广”一词来源于英文的“Reading Promotion”，也有人翻译为“阅读促进”，目前国际上没有赋予它一个学术性的定义。张怀涛先生认为：“‘阅读推广’顾名思义就是推广阅读；简言之就是社会组织或个人为促进人们阅读而开展的相关活动，也就是将有益于个人和社会的阅读活动推而广之；详言之就是社会组织或个人，为促进阅读这一人类独有的活动，采用相应的途径和方式，扩展阅读的作用范围，增强阅读的影响力度，使人们更有意愿、更有条件参与阅读的文化活动和事业。”[①] 于良芝教授认为：“凡是能够将读者的注意力从海量馆藏引导到小范围的有吸引力的图书的推广方式，都有可能提高图书的流通量。”[②] 目前，图书馆的阅读推广较为广义，包括图书馆的图书宣传推介、读者活动、图书馆宣传、图书馆营销、图书馆书目推荐、图书馆展览等诸多活动。

图书馆阅读推广主要靠富有创意的形式提高读者的阅读兴趣，靠优良的空间和氛围帮助读者养成阅读习惯，靠科学的馆藏发展政策保障读者的阅读质量，靠以海量馆藏带来的压迫感和信息素养教育帮助读者提高阅读能力，靠组织有序、体系完备的馆藏提升读者的阅读效果。[③] 无论是面向教学、科研或者个人，阅读推广活动都提高了大学生的综合文化素质。

---

① 张怀涛．阅读推广的概念与实施［J］．河南图书馆学刊，2015（1）：2－5．

② 于良芝，于斌斌．图书馆阅读推广：循证图书馆学（EBL）的典型领域［J］．国家图书馆学刊，2014（6）：9－16．

③ 王波．阅读推广、图书馆阅读推广的定义：兼论如何认识和学习图书馆时尚阅读推广案例［J］．图书馆论坛，2015（10）：1－7．

四、信息素养教育

信息素养教育是图书馆的核心工作之一，是图书馆实现教育职能最显性的工作。它指图书馆馆员利用信息技术、设备及相应渠道对大学生进行培训，提高大学生利用各种方法和手段有效获取、评价和利用信息的能力，从而达到掌握信息知识和技能目的的一种活动。随着信息化、网络化技术的发展，现代先进信息技术在图书馆里得到了广泛应用，如文献集成系统、国内国际联机检索系统、自助设备等，高校图书馆普遍实现了自动化管理、网络服务和数字化图书馆建设。在网络环境下，通过以上先进的技术支持，图书馆为读者提供了良好的高层次的信息服务，为提高大学生的信息素养水平提供了坚强有力的技术支持。

目前，高校图书馆开展信息素养教育包括两部分：一是讲授文献信息检索课，讲授的内容为信息检索技能。二是开展信息素养教育活动，包括举办各种培训，如新生开学入馆教育、图书馆宣传手册和图书馆利用指南、数据库培训讲座等；开展参考咨询服务，参考咨询服务是图书馆开展信息素养教育的一个重要手段，它以文献为根据，通过个别解答的方式，有针对性地向读者提供具体的文献、文献知识和文献检索途径的一项服务工作；开展在线信息素养教育，图书馆通过建设在线信息素养教育平台，读者通过该平台实现在线学习，学习者不必亲临现场，以摆脱时空的限制，更好地了解和利用图书馆，掌握信息检索方法和技巧，极大地提高读者的信息意识、信息能力。

第四节　典型案例

图书馆是不断生长的有机体。图书馆在适应信息社会发展中，不断创新发展实现其教育和信息服务职能。广东省一些高校图书馆在转型发展中开展空间再造，拓展图书馆功能、创新图书馆服务，如空间服务、阅读推广、学科服务等，充分发挥学校在人才培养、科学研究、社会服务和文化传承创新中所起的作用。特别是全面参与学校人才培养工作，充分发挥第二课堂的作用，采取多种形式提高学生综合素质方面，图书馆成效显著。

其中，华南师范大学图书馆的空间改造与服务创新的实践在全国引起了广泛关注，成为广东省高校图书馆新时期服务育人的先进代表。华南农业大学图书馆于2012年开始开展专利信息情报服务，成为较早启动知识产权信息服务的国内高校图书馆之一。

一、华南师范大学图书馆的空间改造与服务创新案例

华南师范大学图书馆于2016年开展文化环境空间改造，改造面积3 500平方米。在空间改造中根据高校图书馆“知识中心、交流中心与文化中心”的定位进行整体布局，在建筑设计、陈设布置与生态环境建设时，均从读者需求和营造人文、雅致的书香氛围方面进行细致考量，共建知识共享空间、文化艺术空间、新书空间、数字资源空间、至善堂与图书馆大堂六大空间。空间成品处处优雅，充满浓郁的人文气息。基于新的空间，图书馆开展人性化的空间服务与主题鲜明、形式多样、体系完整的阅读推广活动，为空间注入灵动的文化活动气息，使空间的人文环境与文化活动相得益彰，共同营造图书馆高雅、深远的书香文化氛围。

新空间自2017年3月投入使用以来，各空间均发挥其优势，在图书馆文化氛围建设和满足读者交流分享需求等方面发挥重大作用。需要预约使用的研讨、研修与学术交流空间更是成为稀缺紧俏资源，一间难求。知识共享空间使用人次达到32 275人次，累计使用时长74 251小时。以教师为主要使用对象的尚书房使用人次达到601次，累计使用时间达到1 610小时。文化艺术空间开放5个月举办主题展览多达5次；新书空间举办主题书展8场。因空间改造工程诞生的六大空间，凭借舒适的阅读体验吸引大量前来阅读的读者，个性化的研讨需求的满足使得大批的师生科研团队进驻图书馆，丰富多彩的文化活动与展览给读者带来更多的文化养分，图书馆的功能在深度和广度方面均得到延展和提升，读者的满意度提升，图书馆在空间改造后呈现欣欣向荣的生长态势，师生们惊叹“这才是我们想要的大学图书馆的模样”。

图书馆空间改造和在此基础上衍生的空间服务与阅读推广，突破了图书馆借阅率下降与被数字资源提供商牵制双重压力下的式微、边缘化的行业瓶颈，改变了整个图书馆的面貌，使读者满意度飙升，重塑图书馆作为

知识中心、交流中心和文化中心的重要地位。校内外各单位及业界兄弟单位的广泛关注与好评，在图书馆界和社会引起了广泛的反响。华南师范大学图书馆获得了广东省中心图书馆委员会颁发的第三届广东省图书情报创新服务奖（见图4－1），此奖项四年评选一次，华南师范大学图书馆是此次唯一获奖的高校图书馆。

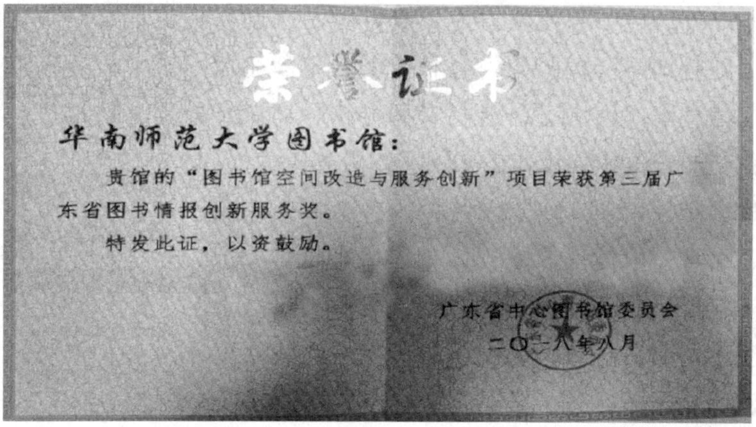

图4－1　华南师范大学图书馆获第三届广东省图书情报创新服务奖

二、华南农业大学图书馆的知识产权信息情报服务创新案例

随着国家对知识产权服务的高度重视，华南农业大学图书馆以此为契机，于2012年开始开展专利信息情报服务，成为较早启动知识产权信息情报服务的国内高校图书馆之一。这也是图书馆在创新驱动发展战略环境下，探索转型、服务科研、助力创新的重要举措。

2018年，为深入实施创新驱动发展战略和知识产权强国战略，根据中共中央办公厅、国务院办公厅印发的《关于强化知识产权保护的意见》《国家知识产权局关于新形势下加快建设知识产权信息公共服务体系的若干意见》以及国家知识产权局《高校知识产权信息服务中心建设实施办法》等文件精神，华南农业大学知识产权信息服务中心正式成立，挂靠图书馆。该中心实行分管校领导直接领导，图书馆牵头负责，科学技术处、人文社科处和人文与法学学院等相关职能部门及学院协同参与的管理运营模式。

该中心依托学校农业科学和生命科学的优势，立足学校，服务地方，服务社会，为知识产权的创造、运用、保护和管理提供全流程的服务，支撑本校协同创新和优势学科建设，促进本校和华南区域农业科技成果转化，积极推动知识产权对产业创新的引领示范作用。除了面向本校师生的专利信息咨询与素养教育，面向学校管理层的专利管理服务和促进科技成果转移转化服务外，该中心还着力为一线科研团队创新提供信息情报支持和解决方案。随着知识产权服务内容和范围的不断拓展，该中心逐渐形成了以知识产权信息服务为中心，涉及专利分析、评议导航、宣传推广、教育培训、合作交流全方位立体化的知识产权服务模式。

经过多年探索和实践，该中心在启迪师生知识产权意识、服务重大项目实施、培育与申报科学技术成果等方面取得一定成效，并取得可喜成绩。“专利信息服务协力企业创新发展”案例获广东图书馆学会2018年学术年会高校图书馆服务创新优秀案例。2019年，该中心作为知识产权团队，与本校科研团队合作参与“粤港澳大湾区高价值专利培育布局大赛”，获得优秀奖（高校科研院所队伍中排名第一）。“高质量专利培育布局情报服务”成果荣获2020年度广东省优秀科技情报成果奖一等奖。

图4-2　华南农业大学图书馆“高质量专利培育布局情报服务”成果荣获2020年度广东省优秀科技情报成果奖一等奖

2020 年，该中心获批“高校国家知识产权信息服务中心”。凝心聚力，砥砺前行，该中心将以此为起点，努力建设立足华南，辐射全国，推动我国现代农业发展的国内一流知识产权信息服务中心。

①

②

图 4－3　华南农业大学图书馆知识产权信息服务中心获批“高校国家知识产权信息服务中心”

第五章 财务工作服务育人的实践探索

2017年2月27日，中共中央、国务院印发《关于加强和改进新形势下高校思想政治工作的意见》指出："坚持全员全过程全方位育人。把思想价值引领贯穿教育教学全过程和各环节，形成教书育人、科研育人、实践育人、管理育人、服务育人、文化育人、组织育人长效机制。"高校是育人的重要场所，而高校财务作为高校中一个重要的管理职能部门，需要与时俱进，重视其服务育人的作用。

第一节　功能表现

高校财务虽然不是直接育人的主阵地、主渠道，但却是高校育人工作系统不可分割的重要组成部分。现代高等学校有培养人才、科学研究、服务社会、文化传承与创新等职能，高校财务的终极目标就是通过合理配置资源，保证充足资金支撑、提供有效制度保障，助力高校实现上述职能。同时，作为非直接教育主体的高校财务服务育人具有间接性和隐蔽性的特点。在服务的过程中，高校财务依托日常服务与管理为载体，通过正面引导、侧面影响促进学生的德育、智育的发展，即服务先行，通过潜移默化渗透育人精神，以不断提高人才培养质量，满足广大学生的成长成才需求。

一、服务工作育人

财务服务工作育人是指财务工作者在服务工作过程中为学生提供便捷的服务，从而达到育人的效果。高校作为非营利的教育机构，与营利为目的的企业有本质上的不同，高校主要以服务社会、培养人才为己任；高校财务相对于企业财务关注的监督控制功能而言，更多地体现其管理和服务的功能。高校财务活动主要包括筹集办学资金、学校运作、人才培养过程中资金的运用等所引起的财务活动，高校财务部门既是一个管理职能部门，同时也是高校对内、对外服务的窗口。高校财务工作涉及面广，直接或间接地关系到师生员工的切身利益。

因此，高校财务人员应坚持以育人为本，充分了解学生需求，掌握为学生服务的本领，端正服务态度，力求做到优质服务。在服务过程中，想学生所想，急学生所急，形成本能、习惯和思维定式的服务意识，积极主动地关注学生的需要，在工作中自觉地形成提供卓越服务的态度，从而提供高质量的服务。高校财务人员在日常业务工作中，如果能做到无等级差别服务、无身份界限服务、无强制服务、无歧视服务的“四无服务”，定能实现高校以生为本、和谐发展的目标。①

二、服务行为育人

有学者认为，对于高校窗口部门的工作人员而言，服务育人是指“以其积极态度、奉献精神、团结协作、追求效率、遵纪守法等模范言行感染和影响学生，潜移默化地培养大学生良好职业道德的教育范式”②。虽然这种解释算不上全面，但提到了服务育人中的一个重要方式——服务行为育人。

高校财务工作服务行为育人作用具有间接性的特点，它通过财务人员

---

① 张立萍．高校财务管理及服务创新探析［J］．经济研究导刊，2013（29）：195－196.

② 刘颖．探讨高校图书馆服务育人的基本途径［J］．价值工程，2017，36（32）：191－192.

的思想品德、精神风貌、工作态度以及待人接物的态度，对学生产生潜移默化的影响，简而言之就是高校财务工作人员以提供优质服务及良好精神风貌赢得学生、感染学生，从而达到影响和教育学生的目的。在高校财务工作中提倡服务以行为育人，就是要把良好、优质的服务精神、服务理念和核心价值观转化为广大员工的精神动力和自觉行动，营造良好的服务文化氛围，发挥财务服务文化对学生的激励和教育作用。高校财务服务行为育人，服务是基础，行为是关键；而财务人员良好的职业素养是优质服务行为的前提。这就需要一支态度认真、不马虎，业务熟练、不生疏，工作扎实、不草率，具有较高思想素质、较强工作责任心且具有奉献精神的高校财务队伍。

三、服务环境育人

在学校工作中，环境育人越来越受到重视，它的育人方式和育人效果是其他教育形式无法替代的。从哲学角度来说，环境是一个相对于主体而存在的客体。对高校财务工作而言，服务环境则是相对于学生主体而存在的财务相关客体。

高校财务工作服务环境育人主要包括以下两个方面：一是高校财务人员在工作过程中营造的人文环境，也称之为高校财务服务软环境。近年来，建设和谐财务关系成为各高校财务人员的共识，和谐财务关系的建设首先应该在实践中找到执行制度与为学生服务的平衡点，在坚持原则制度的同时，探索为学生服务的多种渠道和方法，尽可能地方便学生。人文气息浓厚的财务软环境，不仅提高了财务的形象，无形中也成为一个隐性课堂，它教育着学生、激励着学生。学生在和谐的财务关系中感受到优质服务，才会更加理解财务工作，支持财务工作；反之，则会阻碍财务部门工作的推进。二是高校财务工作服务过程中提供的对外工作环境，也称之为高校财务服务硬环境。这个硬环境既包括高校财务工作服务过程中提供的等候空间、物件摆设等，也包括财务流程设置、制度宣讲、软件服务等。

第二节　资源、平台和保障

一、广东高校财务服务育人的资源

高校财务工作服务育人过程中，需要提供服务者（即高校财务人员）和被服务者（即学生）双方之间的相互作用，服务质量的高低取决于两者是否产生良好的化学反应。

就高校财务工作服务育人而言，打造一支业务水平高、道德修养好的财务人员队伍是前提。只有建设一支学习型、创新型、服务型的高校财务队伍，才能更好地提高财务管理与服务水平，才能更好地为广大师生服务。财务人员提高主动服务的意识，能引导学生更准确具体地表达自己的诉求；而财务人员丰富的专业知识和良好的处事能力有助于这些诉求的解决。此外，建设更具体的服务制度、更透明的服务流程和更完善的服务细节至关重要。高校财务工作多样化，且大多与学生的学习和校园生活密切相关，如学生学宿费的收缴、奖助补勤金的发放、账务报销事宜等，高校财务人员为学生提供服务，做好本职工作，这是服务育人的关键环节。

二、广东高校财务服务育人的平台

随着大数据以及“互联网＋”的发展，各类平台、系统已深入到人们工作和生活的各个方面，高校也不例外。在高校烦琐的财务工作过程中，各类平台、系统的使用不仅能满足高校师生更高效、更便利的办事需要，而且能在一定程度上提高财务人员的工作效率，达到双赢的效果。

（一）网上预约报账系统

近年来，随着高等教育的不断发展，省内各高校的各类经费有不同程度的增长，由此带来的高校财务报销工作压力越来越大。一方面，传统的现场排队报账方式造成一号难求的局面，“排长龙”现象日益严重；另一方面，作为教师科研团队成员的学生不可避免加入“排长龙”的队伍，耗时耗力，增加了学生学业以外的负担。

为改进高校财务报账流程，优化财务服务方式，提高财务报销效率，近几年来广东省内高校如华南理工大学、华南师范大学、华南农业大学、广东工业大学陆续启用网上预约报账系统。网上预约报账系统解决了传统报账方式“排长龙”的现象，节约了师生的报账时间。报销票据存在疑问的，财务人员通过电话或短信平台与经办人沟通；财务人员后台审核完毕后，报销款项通过银校互联系统，按经办人指定方式转入相应的银行账户，实时到账、方便快捷，提高了报账效率。

（二）校园统一支付平台

高校学生收费种类繁多，除了常规的学费、住宿费收费外，还有宿舍水电费、四六级考试费、医保费等零星收费，金额不大，人数较多，传统现金收费方式涉及钱币辨伪、层级转交等问题，效率低下且存在资金风险。

校园统一支付平台，采用财务内部数据服务器、外部支付服务器和银行数据服务器三方通信的模式，可实现学生在线自助缴费，给学生提供便捷服务的同时极大地提高财务部门的工作效率。中山大学、广东外语外贸大学、华南理工大学、华南师范大学、暨南大学、汕头大学启用校园统一支付平台以来，代收费的师生不用数钱了，缴费的学生不用排队了，提高工作效率的同时节省了学生的时间，受到广大学生的一致好评。

（三）电子票据管理系统

随着电子发票、财政电子票的出现，对电子票据业务的使用及管理逐渐引发了相关部门及高校财务部门的关注。为全面贯彻“放管服”改革部署，落实“互联网＋政务服务”和广东“数字政府”建设规划，广东省财政厅发布了《关于印发〈广东省财政电子票据管理改革实施方案〉的通知》（粤财票监〔2018〕5号）。华南师范大学2019年初全面启动财政电子票据系统的建设工作，于2019年8月成功开出首张“广东省高等、中专、成人学校教育收费票据（电子）”，是广东省省属高校中第一所启用财政电子票据管理系统的学校。财政电子票据系统通过校内外各平台的对接，缴费、出票、查询、打印“一条龙”服务，实现了无纸化运行，既高效又便捷。

三、广东高校财务服务育人的保障

（一）加强队伍建设，提高育人能力

高校财务处在进行服务育人的过程中，财务人员的素养和素质起关键作用。财务人员服务育人时，其言行举止体现的精神品质及服务技能，对学生有潜移默化的作用，能带来育人的效果。大学生不仅能接受和学习这种服务内容，还能在财务人员的身上深切感受到真诚和关爱等美好而高尚的优秀品质。从某种程度上说，这种效果甚至比所学的文献知识还要有用。因此，做好服务育人工作的前提就是需要提升财务人员的素养和素质。

高校财务部门是一个服务部门，财务人员应树立服务意识，积极主动为教职工和学生服务，可以从以下几方面着手：一是积极主动服务。财务人员对办理业务的师生要热情接待，耐心听取他们的意见，对于他们提出的疑问要耐心做好解释工作，及时为其排忧解难。二是提供快捷、准确服务。财务人员要丰富业务知识和提高专业技能，只有业务娴熟才能在服务中有快速反应，体现出服务的快捷性和准确性。三是尊敬师生。财务人员在工作中要尊重服务对象，做到说话和气、以诚相待、严于律己、宽以待人。四是要善于换位思考。财务人员要善于换位思考，设身处地站在师生的角度考虑问题，多一些理解，就会少一些误会。在工作中财务人员要有“四心”，对待工作要细心，对待职工要热心，遇到态度蛮横的要耐心，遇到问题要有平常心，树立服务意识，提高服务能力，以全面提升财务部门和财务人员的服务水平。

（二）优化办公环境，营造育人氛围

服务育人是一种隐性教育方式，与教书育人相比，它是一种非形式教育的间接育人方式；它更多的是通过真、善、美的育人环境，对学生产生长期的、潜移默化的作用。因此，在服务育人过程中树立师生认可的外在正面形象就必须注重环境建设和营造和谐的育人氛围。

高校财务处很多时候业务会比较繁忙，现场排队办事的师生较多，可以考虑在财务大厅设置等候区，等候区放置饮水机和办事流程指南，排队办事的师生可以在等候区等候并提前了解相应的办事流程，提高办事效率。

高校财务处可以对不同的业务使用对应的软件系统，还可以通过软件系统整合业务流程，简化办事手续，推行“一站式”办理，提高师生的满意度。

高校财务宣传工作内容繁杂，涉及面广，受众较多，基于大多数学生对财经法律法规、政策和财务规章制度等相关知识缺乏深入了解，在日常的财务工作中容易对财务人员的某些行为产生误解，因此有必要根据学生群体的特征，制定有针对性的制度培训，设计培训内容，以消除信息不对称、沟通不充分带来的服务偏差。高校财务工作者要充分利用好现有的空间，每一个宣传栏，每一块墙壁，每一个网页都用心规划，达到“财务无闲处，处处皆宣传”。

（三）善用数据平台，提高服务效率

高校财务工作服务育人过程中，需要结合新技术进行育人服务。目前，网络的开放性使高校财务处的服务手段、方式以及内容都发生了翻天覆地的变化，这样不仅为服务育人带来了许多便利，也为学生深入了解财务部门提供较多便利。

参与学校数字校园建设，积极协助校内各部门实现数据共享。在实务中，同一个学生的信息是多个部门同时需要的，如财务处在处理学生学宿费退费的时候，需要采集到关于退费学生的学籍变动和住宿变动的信息。现在这些数据的生成和传输需要经过多个部门的协同合作，学生或者辅导员先把数据报送到教务处（研究生处）和后勤宿舍管理中心，这些部门对数据的真实性和准确性进行确认后，再移送到各部门。在上述流程中，流程过于繁杂，可能会降低学生信息的准确性，传输的过程也有滞后性。建立学校数据中心后，财务处可以直接在数据中心获取需要的数据，为到场办事的学生直接办理，提高服务育人的质量。财务部门处理好数据后，将师生需要的数据（如缴费信息、欠费信息等）上传到数据中心，学生随时查询，这样可以提高学生的自我管理能力。

第三节　方式方法

财务工作服务育人的方式，主要是围绕人才培养这一目标，通过提升财务部门服务、解决学生合理需求的方式，为学生提供服务的同时达到育人的效果，具体阐述如下。

一、以人才培养为目标真情服务

传统意义的高校财务功能，主要指组织收入、编制预算、会计核算，即“筹钱、分钱、花钱”，这体现的是会计流程控制任务。目前，高校财务组织承担着监督大学与服务大学的“双重责任”，财务部门和其他许多部门一样，也是学校的窗口单位，财务人员处在管理与服务之间。如何既履行好政府赋予的监控责任，又有效地为大学管理层服务是目前高校财务组织面临的财务困境。[①] 因此从服务育人这个角度看，高校财务组织除了实现传统职能以外，还需要完成新功能定位与转型；也就是协调相关者利益关系，即审视如何满足学生的各项合理需求，培养其成人成才。

二、以需求导向为基础用心服务

《中华人民共和国高等教育法》第五十四条规定，高等学校的学生应当按照国家规定缴纳学费。高校学费收入不仅是高校教育经费的重要来源之一，也是高校正常运转和保证教学质量的重要保障。但随着 1999 年高校扩招、2000 年学杂费标准提高、2014 年秋季研究生教育实行收费制度以来，学生的学费欠费问题日益严重，影响高校健康发展。高校财务面临着两难困境：一方面要解决该收未收的费用；另一方面要严格按照党和国家有关文件精神，决不让一个学生因贫困辍学。为了解决这个矛盾，首先，要做到收费有章可循，有法可依，控制恶意欠费；其次，要建立健全学生资助体系，解决贫困学生的实际困难。

根据《广东省人民政府办公厅关于做好我省贫困家庭大学新生入学资助工作的通知》《广东省财政厅、省教育厅、省民政厅关于印发〈广东省家庭经济困难大学新生资助专项资金管理暂行办法〉的通知》精神，广东省内各高校普遍设立学生资助中心或类似机构进行贫困学生资助的跟进与管

---

① 毛国育. 大学财务转型与组织变革问题探究［J］. 会计之友，2016（1）：111－114.

理工作，逐步建立助学贷款（包括生源地助学贷款、国家助学贷款）、奖学金、助学金、勤工助学、社会捐赠助学金、困难补助等多种形式的家庭经济困难学生资助体系，同时每年开学季，对于家庭经济困难的贫困新生专设“绿色通道”批准其先办理入学手续，暂缓缴纳学杂费，从而真正达到“不让一个学生因贫困而辍学”的目的。以华南师范大学为例，该校符合家庭经济困难的2017级本科新生每人获得6 000元资助。而根据《中山大学学生减免学费管理办法》（中大学生〔2017〕20号），符合家庭经济特别困难条件的在校全日制本科生、全日制非定向就业及专项计划招收的定向就业且无固定收入的硕士研究生可申请减免学费。通过学生资助体系的不断完善，不仅帮助贫困学生走出资金困境，更有助于其脱离因贫困带来的心理困境。

三、以业务培训为依托提升服务

财务工作是一项政策性很强的工作，讲求有法（制度）可依，有法（制度）必依，违法（制度）必拒。同时，高校财务面临的政策环境总是在不断变化中，例如2017年财政部印发的《政府会计制度——行政事业单位会计科目和报表》的通知（财会〔2017〕25号）、2018年10月1日起施行的最新起征点和税率、2019年1月1日起施行新的个人所得税法。每一次政策的变动都会引起财务工作相应的变化，财务人员都要通过培训学习相应的知识以适应政策的变化，只有这样，财务人员才能更准确地把握政策精神，提供有效服务。

第四节　典型案例或创新实践

一直以来，高校的财政票据都是使用传统的纸质票据，这在财政票据管理中有开票时间集中、开票量大、分发困难、核销困难等特点。[①] 然而，随着“互联网+”以及移动智能终端技术的发展，网络平台缴费、扫码支

① 祁世峰. 浅议财政票据电子化在高校中的应用［J］. 全国流通经济，2018（27）：110-111.

付等新的缴费方式应运而生，许多高校都采用了新的技术及收费方式。学生登录网上缴费平台通过银行卡、支付宝、微信等支付方式完成缴费。随着高校收费方式的多样化，传统的纸质票据在使用和管理上的高成本、低效率、不环保等缺陷更为凸显；这一问题也逐渐引发了相关部门及高校财务部门的关注，并达成共识：亟须改变原有纸质财政票据管理模式，推进高校财政电子票据广泛应用。

自财政部关于印发《关于稳步推进财政电子票据管理改革的试点方案的通知》（财综〔2017〕32 号）颁布以来，财政电子票据管理改革试点工作进展顺利，取得较好成效。2018 年 11 月发布财政部《关于全面推开财政电子票据管理改革的通知》（财综〔2018〕62 号），同年 12 月发布财政部关于印发《关于统一全国财政电子票据式样和财政机打票据式样的通知》（财综〔2018〕72 号），财政电子票据改革如火如荼地进行着。根据《关于做好财政电子票据管理改革第二批试点有关工作的通知》（财综〔2017〕66 号），广东省两所部属高校中山大学、华南理工大学作为财政电子票据管理改革试点单位之一，在广东省内率先完成了相关工作。暨南大学随后在 2018 年也启动了财政电子票据管理改革工作。在广东省财政厅综合处的指导下，省属高校华南师范大学于 2019 年初全面启动财政电子票据系统的建设工作，该校财务部门与相关业务部门、软件公司多次沟通协调，并到省内、外部属高校取经；利用暑假期间加班加点，推进相关系统设备购置、软件采购、安装调试、接口开发、环境测试及试运行等工作。最终于 2019 年 8 月底成功开出首张“广东省高等、中专、成人学校教育收费票据（电子）”，这标志着该校成为广东省省属高校中第一所启用财政电子票据管理系统的高校。

财政电子票据系统是通过网上缴费系统、财政票据管理系统、学生学费管理系统等校内、外系统的无缝对接，完成缴费、出票、查询、打印的“一条龙”服务，从而实现财政票据无纸化运行的过程。财政电子票据系统开具的电子票据由广东省财政部门统一监管，与纸质票据具有同等法律效用，是学生缴费的合法凭据。财政电子票据系统的使用，在票据领用环节，减少了纸质票据的领用、运输、使用、保管各环节的开支，节约了成本；

在票据开具环节，实现了业务系统对接自动开票，提高了效率；在票据分发环节，缴款人可在缴费平台上获取并自行打印票据，更加方便，也不用担心票据丢失的问题；在票据管理环节，管理单位可按需调用电子票据存档，更加快捷，减轻了管理者的负担。而学生在缴交学费、住宿费后，能快速及时地领取票据，高效、便捷的缴费体验能提升学生对财务部门进而对学校的满意度。

截至 2019 年 9 月，广东省财政电子票据系统仅适用于“广东省高等、中专、成人学校教育收费票据”；接下来，广东省财政厅将按照工作部署，有序、稳步推进其他类型的财政电子票据的改革工作；并有针对性地开展财政电子票据管理系统操作员的培训，确保各用票单位及用票人及时了解和熟练财政电子票据系统的操作，从而使财政电子票据真正用起来，并且用得好，用得更高效便捷、绿色环保。

第六章
保卫工作服务育人的实践探索

第一节　功能表现

学校教育的最终目的并不是培养“专家”，而是培养和谐的人，因此在传授专业知识的同时，更重要的是引导学生寻找自己生命的意义，实现人生应有的价值追求，塑造自身完美的人格。而这样的引导教育单靠思想政治教师、学生工作一线人员是远远不够的，必须建立基于“全程、全员、全方位育人”的大教育体系。作为保卫部门，要充分认识到自身所应承担的育人职能，并通过执行安全管理规章制度、宣传法律法规、指导学生保卫组织、危机干预等一系列的具体工作来实践育人职能，在“全员育人”体系中找到合适的定位。

一、保证安全稳定的育人环境

现代教育心理学也认为，在人的性格的形成过程中，环境因素影响很大。因此，学校要重视校园环境的建设，努力构建积极向上、文明和谐的人文环境，以此对学生的人生目标的确定、价值观的树立等形成积极向上的引领。高校安全保卫工作肩负着维护校园安全稳定的重任，负责调查并参与处理影响学校安全稳定的事端和突发事件，畅通信息渠道，建立信息网络，把一切影响稳定的因素消灭在萌芽状态。严防各类渗透和破坏活动，协助国家安全机关、公安机关预防和制止危害国家安全、利益的行为或事件，为学校创造安全、有序、和谐的教学、科研、学习及生活环境。

此外，为营造良好的校园安全环境，学校通过开展校园治安综合治理、安全隐患排查、风险点危险源排查、扫黑除恶专项斗争、教育系统治乱专项行动等，进一步规范教育教学秩序，依法保障师生权益，有效维护学校的安全稳定。

二、提供校园各类安全保卫服务

高校保卫部门都设有校园“110”报警求助服务电话，24 小时开通，参照地方公安机关“110”有警必接、有难必帮、有灾必救、有求必应、出警迅速的工作要求，负责校园内所有报警求助事项的及时、妥善处理，协助公安机关侦破校内治安案件和刑事案件，协助有关部门调查处理突发性事件，接待师生及校内住户的求助信息，处理调解治安矛盾，消除治安隐患，促进建立和谐的师生关系和邻里关系。

为校内各类大型活动提供安保服务。高校大型活动日趋频繁，国际学术交流活动、大型体育运动会、校园庆典、新生入学等活动都在考验校园的安全保卫工作。保卫部门根据各类活动的不同需求，提前研究工作措施，制定安保工作预案，明确各岗位工作人员及职责，提前进行安全预案演练，配置专业的物防设备，加强安保布防、校园巡逻，在校内形成强有力的威慑态势，维护校园治安，保证大型活动的有序开展。

三、营造良好的校园安全文化

在日常安全服务中，特别是处理校园矛盾纠纷和各类案件的过程中，保卫部门不仅要配合公安机关开展案件处理，还要对师生进行校纪校规教育、思想教育、法制宣传教育和必要的心理疏导。通过学生的亲身经历，教育学生用辩证的方法看待问题、解决问题，帮助他们树立正确的世界观、人生观、价值观，积累宝贵的人生经验，这些将在他们今后的工作和生活中发挥潜移默化的作用。

树立和宣传先进典型，用先进典型教育引导广大师生员工，要充分利用媒体的影响力，在校园内宣传公安干警、安保人员及师生员工拾金不昧、互帮互助、见义勇为、敢于同犯罪分子做斗争的先进事迹和好人好事，用身边人、身边事教育和感染身边人，做到水到渠成，润物无声，不仅能够弘扬社会的正确价值取向，还能增强思想道德教育的感染力和实效性。一些学校设立了治安奖励基金，对于在案件侦破和抓捕嫌犯中表现突出的人员，学校按规定进行奖励，并联合属地公安机关举行表彰大会对其进行表彰，给予更多的精神激励，进一步弘扬社会正气，发挥正面力量的示范作用。

校园安全文化建设可以有效促进学校的校风校纪建设，为学校的安全教育打下基础，同时也促使教工学生安全防范意识的提高。校园安全文化一方面体现在安全教育的制度、法律法规、学校基础设施的建设上，另一方面还表现在教工和学生的安全意识、安全技能、安全知识等的掌握上。同时，学校安全文化建设还与学校精神文明建设统一起来，融于学生德育过程当中，与学生素质教育相结合；校园安全文化教育必须贯彻“安全第一、预防为主”的方针，以此来提高管理者、教师与学生的安全意识和防范技能。

四、培养学生终身受益的安全素养

当代大学生虽然具有较强的独立意识，但实际社会经验不足，安全常识缺乏，自我保护意识差，常常发生学生受骗、财物被盗、人身受侵害等案件。发生这类案件既有社会环境的原因，也有学生本人的原因。随着高校后勤社会化程度不断加强，学校由过去相对独立、相对封闭的状态走向全方位的开放，与外界的联系愈加密切，遇到的安全问题也愈来愈多，对大学生进行安全意识的教育和养成显得非常重要。学校安全教育直接关系到广大学生能否健康地成长，关系到广大群众的切身利益，关系到社会的稳定，关系到民族的兴旺和国家的前途。

高校保卫工作服务育人的一个重要途径就是对大学生开展安全教育，

主要包括安全意识、安全知识和安全防范技能教育三个方面。通过开展安全教育，促进学生的道德素质、法制观念和法律意识不断提高，增强学生的安全防范意识和自我保护能力，从而提高大学生处理各种安全问题和适应复杂社会的能力，是全面提升大学生思想政治素养的重要方面。

第二节　资源、平台和保障

一、人员队伍保障

（一）保卫干部队伍

首先，是严把进人关，建立一支精简高效的干部队伍。过去许多人都认为保卫工作门槛低、技术含量小，许多难以分配的人员都推给保卫处。新形势下的保卫工作要求越来越高，保卫干部必须具备较强的综合素质和良好的服务精神，特别是在技术防范、智能门禁、消防维保等方面，更是要求有专业技术的高级人才，逐步调整干部队伍的年龄结构、专业结构和学历结构，争取实现人员的最优化组合。其次，是提供更多的机会让年轻干部参加业务学习、专业培训，参加反邪教培训、国家安全工作培训、保密业务培训、消防安全管理人员培训、大型活动的安保及风险评估讲座等，鼓励干部进修学习，不断提高知识水平和安全管理技能。

（二）校卫队伍和物业安保队伍

这两支队伍是校园安保的重要力量，在日常的报警求助、车辆管理、协助开展案件侦破、突发事件处理等方面，发挥着中坚力量。

（三）学生组织

许多高校都有学生保卫组织，有些是设在学生会下的一个部门，有些则是直接设在学校保卫处下。不管机构具体如何设置，这些学生组织都是在保卫部门的指导下进行建设、开展活动。可以说，这支队伍是学校保卫力量的补充，能及时为保卫部门提供校园内的各种情况，协助保卫部门开展宣传教育、安全保障活动，同时也是学生自我教育的有效途径。因此，保卫部门也要充分利用这一教育载体，在指导过程中贯彻教育，并通过他们将教育辐射面进一步扩大，影响更多的学生，真正发挥学生的自我管理、自我教育、自我服务的“三自”功能。如指导学生组织开展各类安全宣传活动，使校园安全稳定、信息有效地上情下达、下情上传；经常对学生保卫组织进行形势教育、安全知识的培训，培养他们提高自身的政治敏锐度和安全防范意识，使他们能正确判断并及时上报学生中的不稳定因素；指导学生参与保卫工作，亲身体会和了解这一工作的性质和内容，从而增进理解、增强信任。

二、智能化的技术防范设施

技术防范指在社会治安综合治理工作中，充分运用现代科学技术手段，不断提高基层安全创建活动的科技含量，预防、打击和控制危害社会的违法活动。目前，省内高校采用的技术防范设施主要包括治安视频监控系统、智能交通管理系统、消防自动报警系统等。

视频监控系统对于校园实现 24 小时全天候防范，补充校园安保力量的不足有重要意义，在实际工作中还可以加强校园安全管理，打击和预防犯罪，为公安机关破案提供有力证据。

智能交通管理系统主要用于校园门岗的安全管理，如车辆出入登记、停车场收费管理、重点要害部位出入等。校园交通安全也同样影响到校园师生员工的生命财产安全，车辆乱停乱放、超速行驶等问题日趋凸显，传统依靠人工登记的方式已经不能满足校园交通安全管理的要求，采用智能化管理手段能够自动识别交通重点管理目标，自动检出违法行为，提高通行效率，优化交通出行秩序，提升校园交通安全。

消防自动报警系统适用于初始火险阶段，当校园某一点发生火险时，传感器即通过主机传递到网络交换器，及时将现场情况传送至报警中心，报警中心值班员迅速通知校义务消防队员赶到现场，实施扑救。高校是消防安全的重点单位，图书馆、重点实验室又是消防安全的重点部位，《高等学校消防安全管理规定》第三条规定，高校的消防安全工作，应贯彻预防为主，防消结合的方针，而消防自动报警，就是全面落实消防法，保证学校消防安全的一项重要措施手段。

高校科技创安，是由新时期高等教育的发展和高校安全环境的变化以及犯罪活动日趋智能化的特点而逐步建立的。在科技创安系列活动中，高校应当充分利用其人才优势，转变观念，增加资金投入，不断创新技术，将科技创安与校园安全应急管理系统结合起来，实现人防、技防、物防相结合，使科技创安的效能最大化。

三、联防联动机制

联防联动机制是人民群众与公安机关、公安机关与政府其他职能部门之间整体合作，互相配合，预防、控制、打击各种违法犯罪活动，维护社会治安的模式。在高校安全工作中引进社会治安联防联动机制，可以避免政府各职能部门相互推诿，对校园安全问题不能及时处置的现象。同时，学校的安全保卫部门可根据学校的治安、消防及交通安全形势，与派出所、消防局、交警队等部门取得联系，配合公安部门开展工作，本着什么问题突出就解决什么问题、哪里案件多发就在哪里伏击守候、哪里交通秩序混乱就整顿哪里的原则，卓有成效地解决师生员工所关心的重点、难点问题，以保障教学科研和正常的生活秩序。

第三节　方式方法

一、树立育人意识，树立良好形象

学校要改变保卫队伍的思想意识，首先要转变学校的育人工作与己无关的思想观念，高度重视自己的工作对于育人的重要性。始终牢记“立德树人，服务育人”宗旨，进一步端正工作态度，加强部门工作作风建设，提高服务水平，把部门的具体工作与学校的育人目标相结合。

加强对购买安保服务的指导监督，培养服务意识和育人意识，使大学生在优质的服务中受到感染和教育。服务要紧紧围绕“一切为了学生，为了一切学生，为了学生一切”这一条主线展开各项工作，才能真正做好育人，体现出高等学校全员育人的新思路、新方法。在物业安保队伍思想建设上推广“核心价值观”教育，夯实思想工作的基础。价值观是人们的一种观点和评价标准，它对人的日常行为有很大的导向作用，一个人有什么样的价值观，决定了他有什么样的作为。因此，在安保队伍思想建设上推广“核心价值观”教育，是做好安保队员思想工作的基础。

身教胜于言教。高校保卫人员与广大学生接触广泛，他们的一言一行都会对学生产生深刻影响。因此，保卫人员必须内强素质，外树形象，树立“以生为本”的管理和服务意识；在工作中，要以身作则，刚正不阿，遵纪守法，以良好的思想品德影响学生，正所谓“其身正，不令而行；其身不正，虽令不从”。同时，在管理方式和方法上也给学生以积极的教育影响，要“晓之以理，动之以情，导之以行”。只有努力做到既严格执法，又慎重妥善处理各类案件，才能为师生树立良好的形象。在日常工作中，保卫人员对每一起案件的认真分析和正确处理对学生都是活生生的法制教育，往往可以达到处理一人一事，教育一片的良好效果。

二、提高素质技能，提高服务质量

吸纳高学历人才加入高校保卫工作队伍不仅仅是新时期安全管理创新、安防科技发展的需要，而且也是育人事业发展的需要，是参与培育未来社会栋梁之材的需要。时代新征程，国家、社会对高校提出了新的更高的要求，同样对高校的安保服务工作也提出了新的更高的要求，安保工作人员提高整体素质和水平势在必行。为了适应新的发展要求，安保工作人员必须在服务、管理上下功夫，学高为师，身正为范，过硬的思想道德品质、必备的工作技能，是安保工作人员完成服务育人的保证和前提。通过各种有效的学习、培训，提高自身的综合能力和服务水平，以带动和促进部门整体工作的提高和进步。

一般安保干部应有较高的理论政策水平、科学文化水平、专业技术水平、宣传教育水平及群众工作水平和较强抢险救灾的能力、处置突发事件的能力、防止侵害的能力、群众工作的能力、宣传教育的能力；能够配合有关部门综合运用政策、法律、经济、行政等手段和教育、协商、调解等方法，依法及时合理地处理群众反映的问题。校卫队员、保安人员应按照

"依法、统一、规范、严格"的标准加强教育管理和监督，不断提高政治业务素质和处置突发事件的能力，提高了解有关法律、懂得排查隐患、善于调解纠纷以及快速反应、掌握保护事故现场和控制先期灾害的知识与能力。如通过业务培训要做到"八会"，即会讲普通话，会报警，会使用消防器材，会扑救初起火灾，会保护现场，会巡逻伏击，会使用监控、报警系统和"电子门禁"系统，会对遇难人员进行简单的救护，如担架转移、包扎伤口以及人工呼吸等常用的救护手段。要做到以校为家，思想稳定，召之能来，来之能战，战之能胜。要不断提升综合素质，为师生提供高质量的安全服务。

三、鼓励学生参与，提高服务针对性

积极组建以各学院学生会代表和各学院办公室人员为成员的保卫服务监督员队伍，鼓励他们积极主动地参与对安全保卫服务的监督与宣传，为保卫部门提供必要的协助。同时，吸收大学生参与校园安全管理，涉及师生安全管理的重大事项、重要举措，可以预先征求师生代表的意见，召开座谈会，增强他们的主人翁意识和责任感；也可以以年级或班级为单位设立安全员，作为保卫部门和学生之间的信息传递员，建立起良好的沟通渠道，也使保卫工作得到更多的理解和支持，最终形成良性循环的效果。组建义务消防队等群防组织，让对保卫工作感兴趣的学生参与到更多的实践当中，加强对安全保卫工作的认知，帮助他们实现"自我管理、自我教育、自我服务"，也加深对安全保卫相关职业的深层次了解，为将来的职业选择提供多种可能性。

四、开展安全教育，提升校园安全文化水平

学校开展多种形式的安全教育，通过举办新生入学安全教育、典型案例通报、反邪教宣传、国家安全宣传、消防安全宣传、消防疏散演练、禁毒宣传等活动，对学生开展遵纪守法教育和危机处理能力的教育；开展反邪教警示教育宣教活动，特制以"崇尚科学，反对邪教"为主题的宣传挂图下乡进行巡回宣传，揭露"法轮功"等邪教组织的本质，提倡科学、文

明、健康的生活方式，由学生带动家长，转化一个人，挽救一个家庭。

指导社团组织开展各类安全宣传活动，对各类学生活动严格审批，严防境内外敌对势力在校园开展渗透活动。对学生组织进行国家安全教育、形势教育、安全知识的培训，培养他们提高自身的政治敏锐度和对信息的研判能力，使其能够自觉抵制各种不良思潮的影响，培育积极向上的人生观，树立坚定的社会主义理想信念。

第七章 就业创业工作服务育人的实践探索

第一节 功能表现

2018年9月，习近平总书记在全国教育大会上指出，要在党的坚强领导下，全面贯彻党的教育方针，坚持马克思主义指导地位，坚持中国特色社会主义教育发展道路，坚持社会主义办学方向，立足基本国情，遵循教育规律，坚持改革创新，以凝聚人心、完善人格、开发人力、培育人才、造福人民为工作目标，培养德智体美劳全面发展的社会主义建设者和接班人，加快推进教育现代化、建设教育强国、办好人民满意的教育。[①] 这应当成为新时代高校治学办校，尤其是在育人工作中遵循的根本目标和行动指南。

高校各项工作的具体职责和侧重点不同，但归根结底都是为了学生的成才服务。具体在就业工作方面，既涉及学生就业手续办理服务、学生就业观念的调适，亦涉及就业指导课程建设，是思想引领及服务育人在具体就业情境下的体现。当前，高校学生主体意识增强，个性化程度日益鲜明，

① 习近平在全国教育大会上发表重要讲话[EB/OL].(2018-09-10)[2018-10-15]. http://politics.people.com.cn/n1/2018/0910/c102430283642.html.

他们非常注重追求自身尊严、个体存在和自我价值，传统的就业工作成效式微，为适应中国特色社会主义新时代对教育事业发展的新要求，高校应主动下沉就业工作的重心，充分发挥就业工作的服务育人功能。

一、高校就业创业的政策支持体系

近年来，党和国家围绕大学生就业创业工作制定了一整套法律规章体系。2008 年，国家正式实施《中华人民共和国就业促进法》和《中华人民共和国劳动合同法》，为大学生就业创业教育提供了有力的法律支撑和保障，标志着我国的大学生就业创业工作进入到法制化、规范化阶段。同年，“加强就业创业教育”写入《国家中长期教育改革和发展规划纲要（2010—2020 年)》，成为“提高高校人才培养质量”的重要因素。2017 年，党的十九大报告指出，“要提供全方位公共就业服务，促进高校毕业生等青年群体多渠道就业创业”。2018 年政府工作报告突出强调：“今年高校毕业生 820 多万人，再创历史新高，就业任务十分繁重。”在国家有关文件政策的指引下，国家大力推进大学生就业创业教育，在就业教育方面，2007 年教育部制定《教育部关于大学生职业发展与就业指导课程教学要求的通知》，要求在各高校开设就业指导课程并将之作为公共课纳入教学计划；在创业教育方面，教育部分别于 2010 年、2012 年颁发了《关于大力推进高等学校创新创业教育和大学生自主创业工作的意见》《普通本科学校创业教育教学基本要求（试行)》等一系列加强和改进大学生创业教育的专项文件，立项设立了一批创新创业教育类人才培养模式的创新试验区。

二、高校就业创业教育现状

回顾近年来我国大学生就业创业教育实践和理论的发展历程，随着“大众创业、万众创新”观念的不断深入推进，大学生的就业创业形势发生了深刻变化，高校的就业创业教育也随之不断地进行调整，取得了不小的成就，但我们还应清醒地认识到当前大学生的就业创业教育还存在整体质量不高、科学完整的就业创业教育课程体系尚未形成；就业创业教育针对性和实效性不强，忽视融入性观念引导、能力提升和个性化咨询指导；就业创业教育专业化程度不高，缺乏学科定位和专业师资；就业创业教育与其他专业课程、与实操训练等环节衔接不畅等问题。以就业教育师资队伍设置不科学的问题为例，高校就业教师队伍本应由有过职业策划或者创业经历的专兼职教师组成，能够对学生创业创新进行系统培训，并提出有效建议或者有价值的实践指导，从而真正提升学生的创业和就业成功率。但目前多数院校在就业教育方面的师资队伍多数由辅导员或者系部书记兼任，缺乏专业的理论教学能力，更没有市场运作的实践经验，无法对学生进行就业或者创业指导训练。①

三、大学生对就业创业服务的需求

伴随中国经济社会改革步入攻坚阶段，就业市场总体上表现出结构性的人才资源供过于求的矛盾。当代大学生面临较大的就业压力，择业焦虑感普遍存在。学习阶段越高，择业焦虑感越强。李克强总理曾在人大会议会见中外记者时说："就业对于一个家庭来说那是天大的事，没有一个人就业，一个家庭就毫无生气。如果大学生毕业就失业，那就没有希望。"高校毕业生就业一头连着家，一头连着国；一边是父母家人的心愿，一边是党和政府的就业目标。② 可见，突破大学生就业创业教育发展现实的瓶颈是国家、学校和个人都需要深入考虑的问题。

四、高校就业创业服务育人的内涵

大学生就业教育是以学会就业、实现职业发展以及生涯成长为目标，以就业观念引导、就业知识学习和就业能力培养为主要内容，以职业与个体的匹配性、知识与技能的复合性、社会生存的适应性为突出特征的一种教育实践。

大学生创业教育是一种在专业教育基础上，以培养大学生事业心、创造性思维和开拓性行为方式为目标，以培养创业观念、创业知识、创业能

---

① 张玉伟，江朝力．"双创"背景下高校就业教育模式研究［J］．才智，2018（28）：192.

② 高校毕业生就业是就业工作重中之重：荐言［J］．中国就业，2018（4）：1.

力为内容的教育实践活动。

就业和创业都是大学生职业选择的一种方式，二者是一个不可割裂的整体，统一于大学生职业生涯发展的范畴。因此，从总体来看，大学生就业教育和创业教育在理论和实践中趋于融合。高校大学生的就业创业教育，是一门立足于整个职业生涯发展视角，指导大学生的生涯成长，融合技术性、创新性、思辨性于一体，以培育志存高远、本领过硬、有责任担当的新时代青年为主旨，适应时代潮流的特殊教育实践活动。具体来说，包含以下三层内涵：其一，立足大学生职业生涯发展的综合知识能力需求，整合就业创业各自共同的教育因素，形成就业创业育人合力。其二，突破传统大学生就业教育或者创业教育仅针对某一种职业选择开展教育的局限，满足经济社会需求与大学生职业生涯发展的双重需要。其三，大学生就业创业教育全面观照大学生就业创业所需要各方面的知识水平，从观念、知识和能力等方面建构起全新的推动大学生职业发展的教育理念和模式。

五、就业创业服务的内容以及其育人作用

大学生的就业创业服务是新时代高校重要的育人方式，有鲜明的特征，也是一项需要进行长期建设的系统性工程。广东省各地、各部门、各院校坚持将高校毕业生就业创业服务工作置于战略优先地位，着力引导、健全机制、搭建平台、转变模式、发挥优势、开展活动，促进大学生就业创业与经济社会同步发展。就业与创业服务是高校开展思想政治教育的好课堂，高校通过组织大学生到就业创业的主战场接受教育、汲取正能量，创新开展大学生就业和创业工作，其中蕴含着独特的育人功能。

从国家层面上看，就业与创业服务是推动国家发展、经济结构转型升级的一种重要力量。

大学生就业创业面临如此严峻的局面，个中原因不胜枚举，其中就包括我国劳动力供应与需求之间的尖锐矛盾。一方面，社会对劳动力需求的总量不足；另一方面，劳动力供给严重过剩，新增劳动力数量巨大，大量

的农村剩余劳动力向城镇转移。[①] 城乡差距、贫富差距等问题阻滞了我们国家经济结构的转型。

大学生这一群体，作为我们国家未来社会发展的中流砥柱、中坚力量，是一支推进“大众创业、万众创新”的生力军，高校实行就业创业服务，能够更好地发挥大学生这一生力军的作用。高校多次开展各种就业、创业活动，举办生涯规划的相关讲座及活动，如广东省大学生职业规划大赛、“职业生涯规划”专题讲座、毕业生就业动员大会等，使学生对当前的就业择业现状有更加全面的了解，同时也有助于学生提高职业生涯规划的意识和能力，结合自身情况，思考自己的职业方向，寻找更多的人生选择，以便更好地做好职业规划，从容面对生活。中国特色社会主义已经进入新时代，高校就业与创业服务的推进，能够为争取早日解决人民日益增长的美好生活需要和不平衡不充分发展之间的矛盾贡献自己的一份力量。

从高校层面上看，就业与创业服务是高校服务党政工作大局、服务青年学生成长成才的主要推手。

大学生是国家有计划培养的高层次人才，是科教兴国的骨干力量。在当前大学毕业生就业压力不断增长，大学生就业与创业问题成为社会关注话题的情形下，推动就业与创业服务，能使得高校在认清自身的职责与角色的情况下，响应国家号召，在党中央、国务院关于大力促进大学生就业、创业工作有关精神的指引下，以服务青年、引导青年、凝聚青年为己任，坚持育人为本，坚持协同推进，发挥高校在组织动员、资源整合、载体搭建、氛围营造等方面的工作优势，推动大学生勇于向就业、创业迈进，为国家的经济发展贡献自己的一份力量，同时也推动高校为服务党政工作大局、服务国家改革发展做出贡献。[②]

从社会层面上看，就业与创业服务是高等院校满足各种社会发展需要的有效途径。

就业与创业服务既是两种不同的人才培养模式，也是两种不同的教育

① 方军武. 我国城镇就业现状的原因分析［J］. 经济研究导刊，2011（29）：101－104.

② 黄莲露. 高校共青团服务大学生创业对策研究［D］. 长春：吉林大学，2015.

质量观。前者以填补现有的、显见的就业岗位为价值取向；后者以创造性就业和创造新的就业岗位为目的。[①] 高校把就业创业服务定位为关键点，是外部环境因素作用于服务、服务对外部环境因素做出反应的必然结果。这种外部作用力主要来自劳动力就业与再就业的巨大压力。

近年来，为进一步激发高校学生就业与创新创业的热情，加强社会与高校的合作，展示高校就业与创业服务育人成果，切实提高高校学生的创新精神、创业意识和工作能力，高校也开展了许多创新创业活动，如中国“互联网＋”大学生创新创业大赛、广东“众创杯”大学生启航赛、“赢在广州”第五届大学生创业大赛、“时代地产杯”研究生创新创业大赛等赛事，这些活动都以促进创业项目落地及成果转化为目的，通过这些活动，大学生有更多的机会满足社会发展的需要，接触社会，了解就业行情，体验创业的乐趣，并得到就业、创业大咖们的指导，优化了高校大学生就业与创业氛围，对于开拓学生以后的就业与创业之路具有积极的指导意义。

日渐严重的就业与创业问题阻碍着人类社会的进步与发展，人们寄希望于在经济社会发展中地位与作用与日俱增的高校能有所作为。时代赋予高校以新的使命，促使高校在人才培养的模式上做出新的尝试与探索。

从个人层面上看，就业与创业服务是更好地提升大学生科技创新、服务社会能力的关键一着。

以服务育人要求为主线，强化就业创业服务育人机制，是实现服务育人的内在要求。信息社会的到来，使得学生容易受各种舆论的影响，随波逐流，难免丧失了自我意识或者判断正误的能力。近年来各大高校围绕就业与创业这一主攻点，主要采取报告、讲座和咨询等形式，面向全体学生，重点针对毕业生进行人生观、价值观、择业道德教育和就业政策的宣传推进，这些就业、创业服务建设工作，更好地提升了大学生科技创新、服务社会的能力，使其确定奋斗目标、加强品德修养、确定人生方向、辨别社会风险、培养创新精神、增强综合素质，在时代的浪潮里找到属于自己的一片立足之地。

---

① 王晓松．浅谈立体构成教学的新尝试［J］．辽宁师专学报（社会科学版），2007（3）：98，100.

六、就业创业工作服务育人功能

（一）思想引领作用

新时代的丰富内涵，蕴含新时代肩负的历史使命，对高校毕业生的素质与能力提出了新要求。就业工作部门应主动结合新时代发展需要，走出校园，深入招聘一线及校外企事业单位，了解工业4.0时代对大学生劳动群体提出的新技能要求及变化趋势，并主动反馈给教育部门，形成协同效应。同时，也需引导毕业生去国家需要的地方，发挥大学生作为建设新时代的生力军的作用，让学生既具有时代发展的前瞻性眼光，又具有家国情怀。

（二）思想教育作用

坚持就业创业指导与育人机制的有机融合，是新时代高校就业创业指导人员的行动自觉。高校的就业创业与育人密不可分，具体而言，须做到第一课堂与第二课堂有机融合、线上与线下有机融合、育人过程与就业出口有机融合。第一，第一课堂与第二课堂有机融合。高校仅靠课堂学习，易陷于纸上谈兵，结合实践方能出真知，要既做到加深对专业知识的理解，又能加深对自我的认知。由此，高校应尝试给予学生第二课堂实践认定学分的鼓励，对参与第二课堂指导的教师给予工作量的认定以激发教师的积极性，并开发诸如企业探索之旅等与就业相关的多元化第二课堂活动，供学生选择和参与。第二，线上与线下有机融合。学校充分运用慕课、翻转课堂、微课等新型学生自主学习形式，实现线上与线下就业指导有机融合。如清华大学录制“职业探索”慕课、湖南大学录制“大学生职业生涯规划”精品课程等，打破学习的时空壁垒，为就业指导服务注入新活力。同时，对线上教育模块给予学分认定，并通过学校一对一的职业咨询活动为学生提供个性化的线下指导，帮助学生依需求随时随地找到就业能力提升的学习资源。第三，育人过程与就业出口有机融合。育人是动态过程，就业是出口环节，就业不是一时的事，而是贯穿在整个人才培养过程的事，两者相互依存、相互促进。探索人才培养与就业质量，提升良性互动长效机制，统一师生思想认识，盘活校内资源，整合校外资源尤其是校友资源，打通学校与社会实践的常规渠道，是全方位提升人才培养质量及就业质量的关键。[①]

马克思说："人创造环境，同样环境也创造人。"[②] 高校就业指导部门须重视宣传氛围营造，发挥思想政治教育载体功能。就业工作部门在求职面试室、宣传栏海报等软件环境方面做好氛围营造，重点宣传"三支一扶"、西部计划、大学生应征入伍等项目中优秀校友的人生选择及现实表现，在潜移默化中发挥思想政治教育的作用。

要主动发挥就业工作在服务中育人的功能，坚持立德树人的中国教育中心任务，坚持以德为先。在学生的三方协议书管理环节，既要做到公平、规范，也要对违约及就业过程的诚信缺乏行为给予及时的指引与教育。

（三）就业服务作用

坚持以学生为本的工作理念，在构建学生就业创业服务体系上下功夫，不断强化服务意识、提升服务水平，以提升学生就业创业能力为核心，倾力打造服务育人工程，为学生成才、发展、就业提供坚实保障。

高校可主动整合资源，形成立体的就业服务体系。要立足学生发展需要开展就业教育指导，建立由校内专兼职教师和校外相关专家组成的就业创业师资队伍，实行"三位一体"的就业教育指导模式，通过开设就业指导课、举办就业创业讲堂、职业生涯面对面等形式，对学生进行面、线、点的特色辅导，构建分层分类多维度推进的学生就业创业工作体系，帮助大学生树立良好的就业、择业观，做好职业生涯规划，提升就业创业能力。此外，学校可以充分发挥职业发展协会、青年志愿者协会等学生社团在就业创业中的重要作用，开展各类就业创业实践活动；也可通过就业服务勤工助学工作人员的培养，让学生通过参与和融入学校组织的各类用人单位招聘活动、宣讲会、个性化职业辅导、职业规划大赛等，为学生提供了解招聘要求、亲身实践的锻炼平台，大力培养学生的职业能力、创新意识，让学生在实践中不断成长；依托学生团队开展专题就业创业讲座、社会实

---

① 陈璐. 经济新常态背景下高校就业指导模式的建构［J］. 思想教育研究，2017（5）：106－109.

② 中共中央马克思恩格斯列宁斯大林著作编译局. 马克思恩格斯选集：第一卷［M］. 2版. 北京：人民出版社，1995：92.

践等形式的活动，丰富校园文化生活，提升学生综合素质，增强大学生就业竞争力，促进学生成才。最终，学生在就业服务实践中形成自我教育、自我管理、自我服务的良性循环。

第二节　资源、平台和保障

就业是最大的民生。随着中美贸易摩擦的升级，全球经济复杂性及不确定性增加。2019 年，党中央提出要稳就业，关注重点人群、重点领域，抓住结构性矛盾问题，在实现充分就业的基础上，实现更高质量就业。政府工作报告首次将就业优先政策置于宏观政策层面，旨在强化各方面重视就业、支持就业的导向。于高校而言，学生是否满意，就业率是否稳定，就业质量是否稳步提升，是衡量新时代高校就业工作成效与否的重要指标。高校应在资源整合、平台和保障方面着力。

一、广东省大学生就业创业服务育人资源平台的建设

（一）广东省大学生就业服务育人资源平台的建设

1. 广东省大学生就业服务育人资源平台建设概况

华南地区是中国的经济腾飞地带，而广东则是腾飞中的“一张帆”“一面旗帜”。依托自己的经济、政策和毗邻港澳的位置优势，广东省在大学生就业服务的资源平台建设方面取得了优异的成绩。从服务学生出发，以育人为关键，广东省充分利用已有资源，在省内积极搭建各种就业信息平台，帮助大学生树立正确的就业理念，从而使大学生从学校跨入社会的这一步迈得更稳。

粤港澳大湾区的建设、粤东西北经济发展战略的提出，吸引了无可比拟的经济和政策投入，使广东再一次立于发展的“浪头”上。但是，资源涌入的同时也带来了挑战，人才缺口的扩大不代表人才易进，因此，广东也在不断强化自己的大学生就业队伍，用优势打造便捷、强大的资源平台。在全国援藏的队伍中，广东省队伍的成员规模最大、专业最齐全，涉及教育、医疗和工科建设等，高校如中山大学便有自己的队伍建设，这种活动

无疑为队里的大学生提供了直接的就业实践尝试。此外，广东省每年都会有一批大学生前往港澳进行交流、学习，通过对外的沟通让大学生认识到提升自我以应对复杂工作的必要性，促进就业规划的落实；第九届广东省大学生职业规划大赛的举办更是让全省大学生有了展示自己职业理想的机会，该活动也是全省就业服务中的一个重要平台。最后，稳健的财政政策为大学生们提供了较高的薪酬资源，同时也带来了激烈的竞争，但是竞争往往鞭策大学生们在学校磨砺自己的专业“锋芒”，进而形成就业所能，适应社会发展所需。

2. 广东省高校就业服务育人资源平台的建设

在对广东省高校的考察中，能清晰地看到各大高校在应用大数据等信息资源的基础上不断地完善学校就业指导和服务体系。以中山大学为例，学校在掌握各年级大学生不同的心理、生理特点的前提下，调动全校100多位教师参与成立了职业生涯规划咨询室和工作坊，并开设有效力、具有针对性的就业指导必修和选修课程。另一所高校——华南理工大学，立足于“产学研”激励机制，利用企事业单位、行业、地方政府统筹为大学生提供的就业服务，开展就业创业成果展、体验馆、风云人物榜等展览和组织就业创业指导、培训、交流等活动，真正形成了科教协同、校企协同和校地协同的联动就业创业氛围。另外，华南师范大学每年举办的就业实践和就业技能培训活动，让校园里的大学生产生了对就业的憧憬。这其中包括赴阳江市挂职实践培养和跟岗学习，该活动让受聘的大学生能够在市县的教育机关、市各中小学以及阳江日报社得到全方位的成长和学习；“勷勤论坛”中的“明日之师”授课技能大赛、“微课”技能大赛等技能培训类赛事、石牌四校联合模拟招聘大赛等比赛为大学生提供了展示技能的舞台；校内“三助一辅”岗位的设置更是把大学生培养和实践锻炼紧密结合在一起，提升大学生培养质量，增强就业竞争力。

广东省各高校充分有效利用互联网资源，充分发挥学校就业指导中心的功能。中山大学、华南理工大学、暨南大学、南方医科大学等高校就业指导中心官方网站的建设为大学生的就业指导带来了诸多便利：在站内可以直接查询实时更新的就业需求动态，得到教师的在线就业指导，了解省内乃至国内的就业创业政策等，让在校大学生感受到地方城市魅力的同时，也能够跟紧社会和时代的步伐，为他们的初次就业打响“前哨”。

（二）广东省大学生创业服务育人资源平台建设

1. 广东省大学生创业服务育人资源平台的建设

为了响应国家“大众创业、万众创新”的号召，创新创业作为就业的一种特殊形式也受到了广东省政府的大力重视。在《广东省进一步促进就业若干政策措施》中就有很大的体现，其中有一条明确规定：加强创业载体建设，即加快推进粤港澳大湾区（广东）创新创业孵化基地建设；整合建立一批主要面向乡村创业人员的创业孵化基地，各地级以上市按每个基地10万元标准由就业补助资金给予一次性补助；支持稳定就业压力较大地区为失业人员自主创业提供免费经营场地。广东省还专门成立了创业投资协会，该协会坚持“前瞻、专业、创新、务实”的服务宗旨，致力于搭建投资方、融资方、中介机构的交流与服务平台，推动多层次资本市场的建设。该协会为广东省广大创业需求者提供完善的资源服务平台，包括各种政策资源、具体创业案例资源、创业舆情信息等各方面资源，为创业者提供了极大的便利。大学生作为创业群体的主力军，势必受益于广东省所拥有的资源平台。

2. 广东省高校创业服务育人资源平台的建设

新形势下，广东省各高校作为创业人才输送基地，其创新创业教育也在紧锣密鼓地进行着。2015 年 12 月 31 日，广东高校创新创业联盟成立，该联盟由广东100多所高校结成战略合作联盟，各联盟单位将在加强创新创业研究、搭建大学生创新创业平台等方面共同合作、共享资源，华南农业大学担任联盟第一届理事长的“职位”，中山大学、华南理工大学、华南师范大学、暨南大学等26 所高校担任联盟副理事长的“职位”，它们共同推动着广东省高校的创新创业服务向前发展。

到目前为止，将近4年的时间，广东各高校的创业服务体系也朝着相对成熟的模式发展。有许多高校的例子可供讨论借鉴。其中，华南师范大学在2009 年成立了创业学院。作为广东省高校成立的第一所创业学院，该创业学院在各级领导的重视与关怀下，结合广东经济社会“推动经济转型升级”的定位和学校人才培养“追求卓越、自主发展”的目标，探索和实践了“金字塔”式大学生创业教育体系，为在校大学生提供了丰富的创业资源平台，如大学城校区设施完备的创新创业基地——众创空间以及南海校区的创业吧；定期举行创新创业大赛，为有创业想法的同学搭建创业交流的平台。此外，为切实提高华南师范大学学生的创新精神、创业意识、创业能力和创业质量，创业学院邀请校内外创业导师面向在校生及毕业两年内的校友开展“一对一”创新创业咨询与辅导。再如，广东外语外贸大学除了拥有日常的创业基地，更是成立了创业协会以帮助创业想法落地。中山大学则是以“打造商界黄埔，培育创业精英”为口号，创立了“创业黄埔班”，旨在提升学科建设和学术能力，在国内外期刊上体现重要创业研究成果；培养具有创新能力和创业精神的创新型、复合型、实战型的创业人才；培养未来的创业精英和商界领袖，为社会提供创新型人才保障。华南农业大学在创业方面为学生提供的资源服务平台除了上述的基地、比赛，比较有特色的是前瞻性地成立了智慧教室。智慧教室是数字教室和未来教室的一种形式，是一种新型的教育形式，有别于传统授听课方式；课前学生提前预习，课中学习分组讨论，随时测试，教师能快速掌握每位学生的学习情况，并进行针对性指导。广东工业大学由于专业的实践性普遍较强，其创业教育尤其重视校企合作，学校的创业学院为创业人员与企业之间搭建桥梁，鼓励校企合作实现良性创业。暨南大学明确提出“三创教育”，即创意、创新、创业，并且在日后提供的创业服务中均以“三创教育”定位自身，力争为学生提供更优质、更时效的创业服务。此外，暨南大学还成立了自己的创业文化节，营造了良好的校园创业文化，更值得一提的是该校的创业基础课程的 MOOC（massive open online courses，慕课）化，这为其践行“三创教育”理念的具体活动增添了浓厚的一笔。这些高校充分发挥自己的资源特色，成为广东高校创新创业教育中的代表，有利于促进广东省创业教育服务的发展。

广东省以及各高校对大学生的就业创业支持很大一部分就来自于资源平台建设的支持。为了鼓励和支持广大学生就业创业，广东省及各高校不断进行实践探索，实际也取得了长足的发展。当然，实践探索的不断发展也得益于广东省及各高校就业创业服务育人保障体系的建设。

二、广东省大学生就业创业服务育人保障体系的建设

（一）广东省大学生就业服务育人保障体系的建设

1. 省内高校大学生就业服务育人保障机制建设

政府的政策支持是就业工作顺利开展的重要保证，因此，高校不断加强与政府部门的合作，一方面落实国家就业保障的政策；另一方面与政府相关部门加强信息沟通，建立就业联动机制，从而推进就业服务育人保障体系长效机制。

一是引导职业价值观。广东省各高校认真贯彻落实全国教育大会精神，把“稳就业”放在更加突出的位置，引导毕业生服务国家战略需求，鼓励和引导毕业生到基层就业，不断拓宽就业渠道，完善落实政策保障和各项措施，努力实现毕业生更高质量和更充分就业。

二是引导鼓励毕业生面向西部及边远地区。学校要引导毕业生走向农村、走向基层、走向中西部，要建立引导鼓励毕业生面向西部及艰苦边远地区重点单位、基层单位就业的奖励办法，引导毕业生走向农村、走向基层、走向中西部。中山大学、华南师范大学等均成立了支教团，到西藏林芝市对口支援教育工作。

三是完善就业资助体系。近年来，广东省各高校不断完善资助体系，落实就业保障服务，对就业困难毕业生做好排查工作，建立帮扶台账，做到分类帮扶。在大学生就业经济帮扶方面，学校已设立了奖学金、国家助学贷款、助学金、特殊困难补助、学费减免、医疗补助、学费补偿及贷款代偿等“多元混合”的资助政策保障体系。中山大学自2016年起实施了资助倍增计划，通过增设资助项目、提高资助标准，使学生资助规模不断扩大，家庭经济困难学生资助力度不断加大。

四是建立就业领导责任机制。广东省各高校均建立了就业工作领导小组，高度重视毕业生的就业工作。同时，广东省政府、相关高校、相关学院层层签订了就业创业工作目标责任书。2018年，全省151所高校与省教育厅签订了高校毕业生就业创业工作目标责任书。

五是建立就业与教育、招生联动机制。广东省建立了高校就业、招生联动机制，省教育厅根据高校毕业生就业状况，动态调整广东省各有关高校招生计划，对于就业率持续处于较低水平的高校及专业适当削减招生计划。2018 年，4 所就业率较低的院校，共减少了 100 个招生计划。同时，广东省根据大学生招生、就业等情况，开展学位授权点动态调整，2018 年全省 6 所高校申请撤销硕士点 13 个、博士点 2 个，增列硕士点 5 个、博士点 2 个。

六是进一步拓宽毕业生就业渠道。一方面面向毕业生举办多种形式的招聘活动，吸引毕业生就业，依托粤港澳大湾区的地缘优势，鼓励毕业生主动融入粤港澳大湾区区域发展；另一方面按照《普通高等学校招收和培养香港特别行政区、澳门特别行政区及台湾地区学生的规定》（教港澳台〔2016〕96 号）的要求，做好就读港澳台的应届毕业生的就业服务工作。

七是做好高校职业生涯指导。华南师范大学面向全体学生开设多门职业生涯规划与就业指导选修课程，使学生们能够初步掌握职业生涯设计和应聘面试的技巧，能够在日益激烈的人才市场竞争中增强自身的生存能力；建立“生涯意识唤醒→职业规划教育→生涯决策指导→生涯实践探索”全程化的生涯指导与实践体系，高度关注就业困难群体，提供“陪伴式”生涯指导服务，使大学生实现职业生涯的可持续发展。

（二）广东省大学生创业服务育人保障机制建设

21 世纪是知识经济的时代，创业教育已经成为大学教育的核心组成部分。广东省高等教育水平位居全国前列，拥有中山大学、华南理工大学、暨南大学、华南师范大学、华南农业大学、汕头大学、广州中医药大学、广东工业大学等一系列高等院校。近年来，广东省积极拓展创业服务的内容和范畴，健全制度保障体系，加强师资队伍建设，以实践促进理论教学，使创新创业服务更加多元化、国际化，让我们看到了创业服务育人保障机制的良好规划。

1. 政府层面：政策保障机制健全

广东省政府立足国家创新驱动发展战略和“大众创业、万众创新”战略部署，创新教育理念和实践，健全工作机制，强化资源保障，注重工作成效，把创新创业教育贯穿人才培养全过程。颁布了《广东省人民政府关于进一步促进创业带动就业的意见》（粤府〔2015〕28 号）、《广东省人民政府办公厅关于加快众创空间发展服务实体经济转型升级的实施意见》（粤府办〔2016〕69 号）、《广东省人民政府关于大力推进大众创业万众创新的实施意见》（粤府〔2016〕20 号）、《广东省教育厅关于深化高校创新创业教育改革的若干意见》（粤教高〔2015〕16 号）等一系列创新创业相关服务政策，不断加大高校科研经费投入力度，全面推进大学生的创新创业教育工作。

2. 高校层面：组织保障体系完备

广东省各高校把创新创业教育作为高等教育新常态下转型发展的内驱力和切入点，以育人为本、面向全体、融入体系、协同推进为基本思路，培养高水平创新创业人才。

一是创新创业课程设置全面。广东省各高校将创新创业教育融入人才培养方案，探索建立与社会各机构和企业协同培养机制；根据授课进度和授课重难点，结合授课教师和学生需求，确定创新创业讲座主题，邀请企业界、产业界和投资界创新创业导师以主题报告、座谈交流和企业实践等形式，分享创业、运营、投资过程中的经验和问题，促进创新创业课程和专业课程的交叉融合、理论与实践的交叉融合、知识与能力的交叉融合；构建了创新创业教学质量保障体系，制定了较为完备的创新创业管理规章制度，并在多个方面向创新创业工作进行倾斜，确保了创新创业工作的有效运行。

二是创新创业课程考核灵活。广东省各高校以自主实践、创新驱动、团队协同、学科交叉为特色，从课内到课外、从创新到创业、校内与校外相结合，全面提高人才培养质量。创新教学成果考核方式；通过项目实践检验课程学习效果，由校内外创新创业导师对项目进行“一对一”指导，对学生项目进行初期检查、中期检查、预孵化检查和商业计划书答辩等，通过项目情况评价相应课程知识的应用能力，实现以能力考核代替知识考核，充分发挥“双创”教育育人作用；同时实施创新创业学分转换、弹性学制，对创新创业休学学生保留学籍，在学生日常发展评价体系中加大创新创业的考核比重，使学生的创新创业意识和能力提升。

三是专门成立创新创业学院。广东各高校以应用型创新创业人才培养为主线，构建“双创”精英培养模式；积极整合校内外各种资源成立创业学院，形成了“机构+载体”工作联动机制，务实开拓释放“双创”活力，破解制约创新创业的重点、难点问题。其中，中山大学、华南理工大学、华南农业大学、广东工业大学、电子科技大学中山学院、广东培正学院、广东工程职业技术学院、深圳职业技术学院、中山职业技术学院、广东工商职业学院等10所高校为第一批广东省创新创业教育示范学校。

3. 市场层面：服务保障平台优良

目前，广东省加速构建全链条式创新创业生态圈，积极为高校创新创业提供优良服务平台。各高校以此为契机，建成创客工作室、创客工厂、众创空间、孵化器、加速器等全链条创新创业孵化载体，强化创新创业服务力。各高校通过建立省级大学生创新创业项目转化中心，实现创新创业成果精准转化；通过建立投融资平台，为高校创新创业提供投融资服务；通过提升创新创业平台整合功能，为高校创新创业提供更加专业的金融、法律、会计服务以及创业指导师等“一站式”服务；通过设立大学生创业保险，提高大学生创业保障。该保障以公益性为主，营利性为辅，由政府、高校、银行、保险公司共建，通过创业小额信用保证保险、创业企业抵押贷款保证保险、企业担保贷款保证保险、创业失败保障险等，解决大学生创业资金困难问题。

4. 社会层面：创业文化氛围浓厚

为弘扬“敢为人先、追求创新、百折不挠、宽容失败”的创业精神，厚植创新文化，以创业带动就业，使创新创业成为学生自觉的价值追求和行为习惯。广东各高校及时收集最新创新创业政策、师生创业动态；发布创业项目、技术资讯，提供对接服务；分享学生创业案例、宣传创业典型，提供示范引领；实时传播创新创业正能量，坚定创新创业信心。同时，广东省积极向教育部申请承办中国“互联网+”大学生创新创业大赛，通过科技竞赛助推创新创业实践；还通过创新创业先锋训练营、创新创业大赛、创新创业夏令营等活动，以创新创业引领校园文化，推动高校和企业联合，增强学生的创新意识、创业精神，引导学生积极投身创新创业实践。

广东省在面对改革开放进程继续深入而带来的机遇与挑战时，立足自身的发展优势，着力打造广东省前沿的就业创业服务育人资源平台和加速其保障体系的建设，在社会与各高校的不断实践中，证明了该资源平台和保障体系建设的正确性，同时也为众多大学生的就业创业工作提供了巨大的帮助。

第三节　方式方法

一、高素质的服务育人队伍是高校就业创业服务育人机制的关键因素

高素质服务育人队伍是高校就业创业服务育人机制的关键。习近平在多次讲话中对“高素质”做出了新的阐释，同时也对不同类型的人提出了新的要求。习近平指出，不断提高各个领域劳动者的综合素质，不仅有利于人的全面发展的实现，也有利于推动经济社会的发展。

广东省各高校的服务育人人员在工作中，不仅要帮助即将踏入社会的大学生夯实其专业知识结构、转变就业创业观念，还要了解就业创业方面的相关政策与法规、当前就业创业的严峻形势，掌握大量的就业创业的信息资料，同时他们也要具备多种综合素质，全方面、多维度地拓展心理咨询等专业技能知识。例如，非专业的就业创业指导教师，负责就业创业指导课、职业技能测评、职业咨询的教师，必须经过专门的教育和培训，才能保证其服务育人机制的高效运转。此外，广东省各高校的就业创业服务育人工作水平和成效也体现在服务育人队伍的专业化力度和在就业创业方面所进行的科学研究与探索。

因此，广东省各高校服务育人队伍的稳定性及持续性是其专业化工作取得实效的服务育人机制的关键因素。

二、“非传统课堂”是高校就业创业服务育人机制的重要环节

由于现代的大学生在思想认识上更加理性，并且有些大学生对于自身

的职业发展有了一定的想法与规划，所以广东省各高校针对大学生自身的这种特点，单方向的、被动式的教育方式是难以进行的。因此，广东省各高校的服务育人工作重心开始转向于注重依托非传统课堂，如加强参与社会实践活动的频率、开展内容丰富的校园文化活动、开展就业创业指导等措施来完善大学生的就业创业服务育人机制，使其更富有实效。

（一）高校鼓励大学生参与社会实践活动

“社会实践活动作为高校就业创业教育的重要一环，是实施大学生素质教育的重要方法，是培养大学生的社会适应能力、创新能力和实践能力的重要途径。”① 依据库仑伯茨“生涯决定社会学论”中的观点，学习社会经验对大学生选择就业与创业起着重要的作用，应该让大学生从接触各种职业角色开始，并通过接触各种工作环境以及各种形式的培训项目来获得社会经验。

因此，广东省各高校为促使就业创业服务育人机制愈加行之有效，已经把社会实践的方向转向以开展就业创业为主要内容的活动，比如专业实习、专业实验、创业培训、社会调研、就业见习等。这样不仅可以使学生第一时间获知意向单位的真实情况、意向单位的工作环境状况、意向单位对毕业生的素质要求等，还可以让学生们毕业走出校园、踏上工作岗位之后，感受到母校在就业创业方面的服务是真实有用的，从而缩短工作实习的适应期，更好地胜任自己的工作。

（二）高校推崇大学生的校园文化活动

“服务育人”的思想一直是高校综合素质教育的主题。校园文化活动作为高校中教育教学活动的重要组成部分，对促进大学生综合素质的全面发展、提升大学生的综合能力发挥着举足轻重的作用。目前，广东省各高校的校园文化活动是大学生在校期间获得多种工作技能的重要途径，而这些能力是专业知识之外的社会实践能力，如公文写作的能力、人力资源与管理的能力、处理公共关系的能力等。与此同时，广东省各高校目前所举办的校园文化活动对大学生认识事物的方式与思想也产生了重大影响。

---

① 刘刚. 论社会实践与大学生创新能力的培养［J］. 理论观察，2007（2）：124－125.

（三）高校给予大学生就业创业方面的指导

广东省各高校开设的就业创业指导方面的专题讲座，对大学生进行就业创业技巧（如就业创业心态的调整、人际关系处理方式、劳动就业法的规章制度、就业创业形势的了解、就业创业政策的宣传、就业创业信息的收集与提取、就业创业基本程序等）方面的指导，是一项有益于大学生提升综合素质的活动。

广东省各高校在保证大学生就业的同时也鼓励他们进行创业。一方面是对大学生创业精神的培养。创业精神对当代大学生尤为重要，时代的发展、社会的进步、科技的创新、经济制度的变更，都孕育着一个新的创业时代，任何一个希望实现自己价值、展现自己能力的大学生都应在这个时代的大舞台上，创造一番属于自己的事业。因此，广东省各高校把大学生创业精神的培养方案全方位地融入高校的教育之中，这样更有益于让大学生在就业创业方面有新的想法、新的思路、新的理念以及有新的作为。另一方面是广东省各高校对大学生自主创业的具体指导，包括为大学生提供政策的解读与后期具体的实践指导，提供社会实践的机会等，皆体现广东省各高校在就业创业方面的服务育人思想。

三、“校友会”是高校就业创业服务育人机制的核心媒介

社会是不断变化、不断发展的，而广东省各高校也与时俱进地从全方位的角度保持着与社会各界的联系，其中最具有成效的措施就是建立和发展校友网络。完善的校友网络机制对就业创业的作用不容小觑：一方面，众多出色的校友为母校赢得了行业内的莫大荣誉，从而使母校及母校学子获得社会上知名人士的认可；另一方面，在各个企业或者非营利的事业单位，包括政府的党政机关和其他社会团体组织，校友们也会为母校的毕业生提供相关就业创业方面的指导。

广东省各高校也极其重视大学生就业创业服务育人机制的对内宣传与推广工作。各高校的对内宣传与推广工作主要是通过在校园内开展专题讲座，派发就业创业方面的指导手册、就业创业指导小技巧、海报、培训录音带和录像带等方式，来扩大就业创业服务育人机制在大学生中的知名度，

从而加强各高校就业创业服务育人机制对大学生的重要指导意义。

由于专业相近的成功人士的针对性更强，为此，广东省各高校的就业创业服务育人机制也体现在目前已建立起的校友访谈活动。高校的校友会是联络广大校友，架起母校、校友和社会三方面关系的重要沟通桥梁。广东省各高校的校友会在就业创业服务育人上的职能是：团结校友来支持与促进母校的发展，收集和整合校友们的资源，鼓励校友来回馈母校，积极发挥校友会在促进就业创业工作中的重要作用，从而激发校友在自己的工作岗位上更有作为。

目前，广东省各高校的校友会在服务大学生就业创业的工作中，具有得天独厚的优势：改善高素质人才培养的方案、开拓就业创业的市场和提升就业创业服务育人机制的指导与服务，同时营造促进就业创业的良好氛围与社会舆论的环境，皆凸显了广东省各高校的校友会在就业创业服务育人方面的职能。

综上所述，广东省各高校在校友会交流方面所取得的重大成效正是各高校在就业创业服务育人方面的关键之所在。

四、良好的就业创业氛围是高校就业创业服务育人机制的有力保障

良好的就业创业氛围是就业创业服务育人机制的保障，它对大学生的影响是整体的、潜移默化的。因此，广东省各高校在校园里形成了一种浓厚的、宽松的学术氛围，以利于学生良好个性的发展；营造了资源优化配置的氛围，在精神上和舆论上将就业创业服务育人机制上升到为社会制造财富、为社会分忧的高度，如校企合作、设立就业创业基金等。

（一）校企合作——建立大学生就业创业实践基地

广东省各高校已建立校外大学生创业实践基地，形成产、学、研一体化教育模式。各高校通过与企业开展合作教育，安排大学生进行见习与实习，使高校的教育更贴近市场，从而增强了专业与市场的结合度，让大学生进入社会，深入岗位，感受就业创业氛围。这样高校不仅增强了大学生在就业创业方面的才干，还提高了大学生的就业创业能力，从而取得高校教育与社会效益的双赢，体现了就业创业服务育人的精神。

（二）就业创业基金——多渠道地帮助学生筹措资金

就业创业所需的物质条件对于大学生来说是难以筹措的。由此，广东省各高校已开始设立大学生就业创业风险投资基金，由高校拨一笔专项资金来为大学生服务，也可以通过各种途径吸引社会的赞助来设立风险投资基金。相应地，广东省各高校所建立起的大学生就业创业风险投资基金的管理机构，不仅严格选择符合条件的大学生就业创业的项目，还对大学生就业创业项目的经营情况进行着实时监控。

综上，广东省各高校在营造大学生就业创业的氛围方面做出了重大举措。例如，各高校开展就业创业教育理论学习大讨论，创办学生就业创业刊物、就业创业教育网站，设立“创业者日”与“杰出创业家日”等，使大学生改变传统的就业观念，消除创业的畏惧心理，树立以就业创业为荣、主动就业创业的观念，从而激励他们在就业创业中努力实现自己的人生价值。

第四节　典型案例或创新实践

2015 年 6 月 11 日，国务院印发《关于大力推进大众创业万众创新若干政策措施的意见》后，在全国掀起了一场轰轰烈烈的创新创业浪潮。各高校紧跟国家政策的步伐，积极出台支持性的制度规定，鼓励研究生参加创新创业实践，在管理中始终贯彻“以生为本、服务育人”的工作理念，通过“营造浓郁氛围、提供制度保障、主动关心指导、提供合适帮扶”四个方面开展工作。华南师范大学为研究生创新创业提供了良好的保障服务。从 2016 年始已连续举办了三届研究生创新创业大赛，通过创新创业大赛发掘了一批批有潜力的团队，下面选取的案例主角——广州市青领教育咨询有限公司，就是高校研究生创新创业实践服务育人的一个典型个案和缩影。

广州市青领教育咨询有限公司（以下简称“青领教育”）创立于 2015 年 10 月，是华南师范大学研究生正宗原生的创业组织，创业时其主创核心人员皆为华南师范大学在读研究生，公司现在的主营业务是研学旅行，兼营教育管理咨询、综合素质培训、生涯规划教育、学科培训、素质拓展、课程设计与开发等。公司创立当年在校内第一届“时代中国杯”研究生创新创业大赛中荣获二等奖殊荣，但后期发展几经波折，跌宕起伏，经过三年的跟踪服务和帮扶，现在基本处于稳定发展的状态。

一、把握时机引导激发创业梦想

（一）激发教育情怀：一个不得不讲的参与公益的故事

2015 年暑假前，华南师范大学校研究生会换届后，一批新干部为了能尽快融合团队，增强团队默契，在老主席团成员的带领下组成了一支暑期社会实践队伍，计划用暑假的时间加入大学生暑期“三下乡”行列，协力开展一次别开生面的社会实践活动。这个想法得到了研究生院（研究生工作部）的认可和支持，正当队伍苦思冥想活动方案和寻找实践基地时，华南师范大学“研究生青年领袖训练营”项目刚好获评“2014 年广东省高校校园文化建设优秀成果特等奖”，中共广东省委教育工委希望将此项目的优秀经验和做法辐射到地方去，使更多地区的青少年接受此类励志正向的引导，帮助他们培养中学生核心素养。研究生院管理办公室主任、时任校研究生会指导教师的刘邦卫老师立即指导实践队伍以“研究生青年领袖训练营”为蓝本，结合中学生的身心特点开发了一个为期 8 天的实践项目——“青少年未来领袖训练营”，课程内容包括爱国教育、感恩教育、乡土教育、生命教育、生存教育、生活教育、口才培训、生涯规划、团队意识、领导力锻炼等，考虑到华南师范大学与阳江市政府签署了战略合作协议，研究生院与阳江市教育局也建立了战略合作帮扶关系，也就水到渠成地选择了阳江市。经过多次沟通协调，阳西县教育局和阳西县团委积极联系，最终落实了在阳江市阳西县方正中学开展，活动经费由中共广东省委教育工委立项支持部分和研究生院支持部分，参与学生免费，场地由当地的方正中学提供。7 月下旬至 8 月初，活动开展期间，研究生们艰苦奋斗、纪律严明、上课认真，受训的中学生们也展现了良好的精神面貌和高涨的学习热情，活动效果的反馈超乎意料，得到了华南师范大学校领导和阳江市教育局局长及当地领导的充分认可，当地阳西电视台和《阳西报》还进行了专题报道，更幸运的是，当地学生也得到了实实在在的改变，很多学生由腼腼变得敢于表达，由厌学变得好学。“对你们来说可能只是一次普通的公益，但对我来说，你们的出现改变了我的人生轨迹，也可能会改变在座很多人一生的命运”，一个处于青春期叛逆的女学生的真诚反馈，给予了团队极大的心灵震撼和深深的感动，也点燃了参与的实践队员们坚持“用生命影响生命”的教育情怀和信心。

（二）点燃创业梦想：一个“用生命影响生命”的坚定选择

对于研究生院来说，活动成功举办并获得良好反响，已经可以向中共广东省委教育工委和学校圆满交差；对于校研究生会的实践队伍来说，一次良好的“服务学习”实践尝试已经达到了锻炼磨砺学生干部队伍的最初目的，一切看起来都很完美。由于投入费用不少，省委教育工委的立项支持也不常有，这个故事到此也应该可以顺理成章地结束。但是没想到，由于活动效果实在太好，让当地教育部门领导深受感动，因此，阳江市教育局提出要求：希望华南师范大学研究生院和研究生团队在此基础上继续在阳江多地开展，并完善成一年的系统培训项目，为当地中学生核心素养培训走出特色创新之路，为新高考改革探路实践，活动费用和场地由地方承担，希望华南师范大学研究生院和研究生团队给予理念支持、人力支持、课程支持。接到任务初期，实践队员们还踌躇满志，斗志昂扬，可是在9月开学后，研究生会干部们基本要忙于系统本身的校园文化活动组织，而且个人还有科研和学业压力，绝大多数的队员基本没有余力再去深入跟进项目设计及运营，眼看项目无法实行下去，当时以林诗Y为首的4名刚卸任的研究生会主要干部，由于在此次实践中心灵深受震撼，教育情怀被激发，在和指导教师刘邦卫老师进行多次探讨并得到鼓励后，萌生了公益创业的想法，毅然决定组建青领教育团队，继续参与支持这个公益项目，选择“用生命影响生命”的培训方式实现自己的教育理想，探索服务他人和成就自我的更好机会。

二、主动关怀帮助度过危机时刻

当青领教育团队组建之后，队员们在开始阶段表现出较高的热情和自信，在刘邦卫老师的指导下，带领其他研究生较好地完成了项目的培训任务，他们也能较好地获得公益活动带来的成就感和满足感。后来，全队还积极参加校内第一届“时代中国杯”研究生创新创业大赛，并一路冲刺获得了二等奖，但是当2016年6月临近毕业之时，公益活动没有收益的现实骨感开始显露，队伍面临了第一次解散危机，杨T由于迫于家人的压力和劝说，选择了离开并考入了一所高校当辅导员，金X由于毕业去了部队也遗憾离队，创业的原创核心四人组只剩两人还在摇摆不定中。得知消息后，研究生院主动关怀，派负责就业创业工作的刘邦卫老师与每个成员充分交流并听取他们的想法，帮助分析，打气鼓励，指导他们申请众创空间的免费办公场地，鼓励他们开阔眼界，从公益平台上积累人脉资源，在服务社会的实践中发现机会。最后，创始人林诗Y选择了继续坚持梦想，不放弃；核心成员董慧Z因为还没毕业也选择了暂时留下来。最艰难的时候，为了设计合适的研学线路，林诗Y独自一人踩着高跟鞋，拖着行李箱，穿越深圳、东莞、香港和江苏各地；为了让更多的人了解青领教育，她也走街串巷，去和小区的住户介绍课程，找到业务后带着几名员工自己干。可是2017年6月，董慧Z由于迫于家人压力，也选择了离队，找到了一份小学老师的工作，第二次队伍解散危机不期而至，幸好当时接了几单研学旅行和课程培训的业务，又有一批新的研究生加入，加上2018年初老核心成员金X同学选择了回归，才保证了队伍度过第二次危机时刻。

三、提供指导助力增强业务能力

当青领团队度过队伍解散危机后，虽然打开了业务市场，但是又面临着新的困难：经营经验欠缺，主营业务迷茫不清，培训的专业资质和业务能力不高，课程开发经验不够。队员们在困难时刻想到了向学校求助，研究生院领导和刘邦卫老师专门为他们“把脉咨询”，在了解情况后，建议他们抓住教育部在全国中小学推行研学旅行的风口机会，把研学旅行确定为主营业务；同时把研究生青年领袖训练营和青励工程的课程设计经验和培训做法分享给他们，帮助他们提高项目开发和课程设计能力；提供参加校内外专业机构开展的专业培训信息，包含生涯规划、团体辅导、素质拓展等，帮助他们强化专业水平；推荐他们向校内外相关方面的老师、专家请教，推荐一些可以联系的校友资源给他们；鼓励他们坚持参与青励工程的公益活动，进入 UDSS（U 代表高校，D 代表地方行政部门，S 代表中学，S 代表社会组织）公益运作平台。通过这一系列操作，青领教育定位为以研学旅行教育为核心，集教育咨询、教育培训、心理健康教育业务等项目为一体，以青少年为对象的综合性、专业化多元教育服务业务公司。青领团队很好地克服了自身的经验短视和技术短板，提高了自身的竞争力，后来他们在阳江市开展的研学旅行项目还被当地列为创新示范样板工程，同时也在阳江、深圳多地承接了几个中学生的课程培训任务，自身也开展了综合素质特训项目的尝试，市场潜力慢慢凸显出来。经过了一年的拼搏努力，公司 2016 年的营业额达到了 60 万元。

2017 年，随着公司业务越来越多，为了进一步发展，需要更多人才充实创业队伍。经过林诗 Y 的多次沟通交流，为了坚持自己的教育初心，多个参加过公益实践的伙伴纷纷从部队、私企、国企等单位辞职，志同道合的四人核心团队再次建立起来了。他们在坚持参加公益项目（协助开展师资培训、课程开发、跟踪指导）的情况下，独立开拓研发了研学旅行、生涯规划、学科培训等多种教育服务，服务学生范围不断在扩大，2017 年的营业额超过了 250 万元。

四、建立基地协助突破发展瓶颈

2018 年，研究生院对前两届创业大赛获奖团队展开回访调查时发现，有些项目表现一般甚至发展乏力，原因主要有四个方面：缺乏客户资源、缺乏核心竞争力、缺乏正向现金流、缺乏人才资源。为了帮助创业团队突破人才资源瓶颈，也顺便提供创业实践的机会给有创业梦想的研究生，研究生院跟有需求的创业团队对口建立研究生创业实践基地，让有人才需求的团队和有创业锻炼需求的研究生可以实现畅通对接，从而实现双赢效应，青领教育团队和广州科乐科美教育科技有限公司等团队就紧紧抓住这个机会。青领教育团队并受此启发创立了兼职创业合伙人机制，面向华南师范大学甚至其他兄弟高校吸收在校研究生和本科生作为创业兼职合伙人，一起打拼共创未来。这批兼职合伙人在参与工作的过程中，能力不断得到质的提升，对公司的理念愈发认可，毕业后大多选择进入公司成为正式合伙人，为教育事业奉献自己的力量。在“惜才如金”的理念下，团队慢慢地从2017年的5人，壮大到了2018年专兼职结合的20人。初步突破人才瓶颈后，青领教育团队也不断地拓展业务，2018年达到了550万元的营业额，受训学生达到2 000多人。展望2019年，青领教育团队负责人说争取年度总营业额目标再翻番达到1 100万元；全职创业人员达15人，兼职创业人员达25人，并且计划引入风险投资或者合作商在有条件的地区开设分公司。

五、持续引导鼓励坚守正确发展观

在青领教育团队的发展过程中，虽然几经波折几近放弃，但最终选择坚守，才慢慢步入正轨，踏上稳定发展的快车道。何以坚持初心不离不弃？何以筚路蓝缕披荆斩棘？正如其创始人林诗Y所言：青领能取得现在的发展，既是意外，也是必然，这个奋斗过程是我们人生的宝贵财富，我们能坚守、能发展，要感谢母校和老师们的持续关心、支持和帮助，我们永远也不会忘记研究生院领导和刘邦卫老师给予我们企业在发展价值观上的引导，包括以下几个方面。

第一，华南师范大学是师范名校，华南师范大学学子出身于师范教育，我不做教育谁做教育？华南师范大学学子创业最不应该缺的是教育公司，最应该做大做强、最有特色的也应该是教育公司。

第二，教育是一份有温度、有情怀的事业，而不是一门冰冷的、世俗化的生意。唯利是图不是我们首先追求的价值，提供好的教育服务，为人类创造价值，才是我们创业的初心，我们将一生坚守“用生命影响生命”的选择。

第三，坚持参加公益，商业与公益并重，保持灵魂不失落，是我们始终坚持的信念。得道多助，失道寡助，服务他人，其实也是在成就自我。

第四，坚守创业的初心，坚信梦想的力量。不做半途而废的逃跑者，争做胸怀壮志的追梦人。刘邦卫老师经常勉励我们：常怀感恩之心，常念母校之情，他日如能成功，希望能回母校捐助一个研究生奖学助困基金，帮助更多有梦想的学子寻梦、圆梦。不忘扶助之情，他日必回馕勤。

综上所述，属于就业创业服务的新时代已然来临，高校毕业生就业创业攻坚战已擂动号角。当前，我们党和国家将促进就业放在了一个突出的位置上，“如何促进就业和创造愈来愈多的就业岗位”这一问题是我们个人、社会还有国家需要思考和解决的。党和政府不仅重视创造就业和创造创业的机会，同时也十分重视保障和维护就业者和创业者的权利，只有完善和保障就业者的利益才能够使就业者更好地实现就业，只有完善和保障创业者的权利才能够实现创业现象花开遍地的情景。而就业和创业又是紧紧相依的，就业形势好了则证明就业机会多了，就业机会多了则证明创业的多了，创业的多了则能够提供更多的工作岗位。[①] 我们要以人民为中心，以发展思想为指引，以促进高校毕业生充分和高质量就业为重心，全力以赴促进就业和创业服务不断向前发展。[②]

---

① 教育部. 2018 届全国普通高校毕业生预计 820 万人[EB/OL].(2017-12-06). http://edu.sina.com.cn/gaokao/2017-12-06/doc-ifyphxwa8133119.shtml.

② 高校毕业生就业是就业工作重中之重：荐言［J］. 中国就业，2018（4）：1.

第八章
青年工作服务育人的实践探索

第一节　功能表现

习近平总书记在学校思想政治理论课教师座谈会上强调，要用新时代中国特色社会主义思想铸魂育人，引导学生增强中国特色社会主义道路自信、理论自信、制度自信、文化自信，厚植爱国主义情怀。新时代广东高校青年工作坚持以立德树人为根本任务，肩负着凝聚青年、服务大局、当好桥梁、从严治团的历史重任，把提高大学生思想政治素质和践行社会主义核心价值观作为首要任务，努力培养“坚定理想信念、练就过硬本领、勇于创新创造、矢志艰苦奋斗、锤炼高尚品格”的优秀青年人才。

一、思想引领

广东高校青年工作始终坚持高举马克思主义、中国特色社会主义的旗帜，坚持立德树人的根本任务，培育和践行社会主义核心价值观；注重发挥马克思主义学科优势，深入开展思想政治教育，加强学生国家意识、法治意识、社会责任意识；强化民族团结和国家安全教育，不断增强大学生的历史使命感和时代责任感；讲好中国故事、传播好中国声音，为提高国家文化软实力和中华文化影响力做贡献。

加强思想引领，是青年工作的首要任务。现代大学生朝气蓬勃、好学上进、视野宽广、开放自信，同时，他们知识体系搭建尚未完成，价值观塑造尚未成形，情感心理尚未成熟，需要加以正确引导。广东高校始终围绕帮助学生认识人生应该往哪里用力、如何用心、做什么样的人这个要点，遵循思想政治工作规律，遵循教书育人规律，遵循学生成长规律，沿用好办法，改进老办法，探索新办法，使思想政治工作始终贴近青年，润物无声。与此同时，加强人文关怀和心理疏导，促进大学生身心和人格健康发展，给予学生人生的启迪、智慧的光芒、精神的力量。

二、实践淬炼

广东高校青年工作在开展过程中，依托社会调查、教学实践、“三下乡”、“红色社会实践”、社会服务、科技文化创新活动等形式，服务大学生在基层中受教育、长才干。

广东高校社会实践工作对焦精准扶贫、乡村振兴计划，围绕党和国家重大战略、结合广东特色，开展富有时代特色的社会实践精品项目，服务大局。多所院校持续推进社会实践项目化、基地化、社会化、课程化、专业化、标准化的“六化”模式建设，完善体制机制建设，坚持整合资源，调动校内外各方面积极性，大力推进大学生社会实践基地建设，切实发挥社会实践的育人功能，在提升学校教育教学质量和学生素质中发挥积极作用。华南师范大学落实“知行合一”教育理念，搭建校内实践、志愿者服务、“三下乡”、实习支教四大平台，形成社会实践与社会观察体验、专业学习、就业创业、机制创新的“四结合”社会实践育人体系。每年学校组建校级社会实践团队200多支，组织500多名师生赴省内外各地开展暑期社会实践，每年服务总时长达33万余小时，受益群众达50万余人次，引导学生争当“四有”好老师、争做中国梦践行者。

三、文化浸润

广东高校着力构建生机蓬勃的文化生态圈，形成融合岭南人文底蕴、凝聚各高校精神传统、具有广泛社会影响力和独特个性的校园文化，营造积极向上、格调高雅、健康文明的校园文化氛围，打造引领青年、服务青年、沟通青年的校园文化实践平台，不断挖掘和强化校园文化的育人功能。

积极弘扬和传承中华优秀文化。扎根时代特点，突出岭南地域特色，发挥专业优势，把传承和弘扬中华优秀传统文化作为铸魂育人强基工程，激发学生文化主体意识和创新意识，增强学生文化自信，引导学生树立正确的价值观。加强美育熏陶浸润。以立德树人根本任务为目标，以弘扬社会主义核心价值观为核心，以在校师生为主要参与者，结合当代大学生的思想及行为特点，以国家重要节假日及学校主要纪念日为契机，整合和统筹学校美育资源，有组织、有计划地举办融思想政治于艺术的各类活动，普及高雅艺术，帮助广大青年扣好人生第一粒扣子。扩大“朋辈教育”模式。招募更多朋辈青年教师、青年学生作为朋辈导师，发挥专业优势引领更多非专业学生，全面提升学校的人才培养效果，培养全面发展、一专多能的综合人才。

四、创新激发

广东高校坚持培育创新精神、创造活力、创业行动，坚持以立德树人为根本，以创新创业型精英人才培养为核心，以创新创业实践活动为载体，努力将思想教育贯穿创新创业服务全过程，全力构建精英人才培养与思想教育、社会需求、学科发展、国际化教育合作深度融合的创新创业服务育人模式，形成创新创业服务育人的良好氛围，取得较好的创新创业服务育人成效。

广东高校多数能持续加大创新实践的扶持力度。进一步整合“挑战杯”、“创青春”、课外科研课题立项等平台和资源，继续大力推进师生创新创业精神培育体系；培育创新创业细胞，推动师生创新创业实践与创新驱动发展战略有机融合。加强“众创空间”建设。落实大学生创新创业优惠政策，依托学科竞赛、创业实训等途径，逐步建立集学生教育、团队培育、资源聚集和学科交叉的“三位一体”平台，探索创新型人才教育培养模式，引导学生追求卓越。推动高水平学生社团建设。理顺学生社团管理体制，树立标杆性的社团，重点支持专业型、创意型社团。

第二节　资源、平台和保障

一、志愿服务项目

高校志愿服务项目已成为引领青年思想、开展思想政治教育的有效载体。当前，高校大学生志愿服务已形成活动常态化、内容多样化、方向特色化的发展趋势。[①] 在此基础上，广东高校不断拓宽志愿服务平台，探索志愿服务新模式，形成志愿服务新格局。

自 1999 年以来，中山大学已选派 21 届共 250 名本科毕业生及在读硕士生、博士生志愿者组成研究生支教团，前往西部开展志愿服务活动。从青海民和、甘肃榆中、山西灵丘、宁夏西吉、广西百色和广西恭城，到西藏林芝、西藏昌都、云南澄江和云南凤庆，中山大学研究生支教团已迈入第 21 个年头，为西部教育发展贡献了力量。2019 年 8 月，由 7 名在读研究生、13 名本科毕业生组成的中山大学第 21 届研究生支教团，分赴西藏林芝、西藏昌都、云南澄江、云南凤庆的 5 所中学开展为期一年的志愿服务工作。[②] 第 13 届研究生支教团给当地争取了 200 万元援藏基金，帮助了 338 名贫困学生，建立了数十个落地项目。[③]

华南师范大学依托研究生支教团、西部计划、山区计划、援藏扶贫对口项目、暑期大学生“三下乡”短期支教等志愿服务实践平台，融入广东对口支援和扶贫协作西部建设，凸显学校新师范优势，引领学生扎根基层，重点培养一批理想坚定、专业突出、敢于创新、面向未来的师范精英。学校从 2004 年起开展响应西部计划项目，截至 2018 年，已累计向西北贫困地

① 段然，黎炳潮. 论高校大学生志愿服务活动：以肇庆学院为例 [J]. 西部素质教育，2018 (14)：61 – 62.

② 张笑天，张玉子. 用青春播撒希望：中山大学研究生支教团志愿服务纪实 [J]. 中国社会工作，2019 (34)：32.

③ 中山大学研究生支教团. 十八年，传递爱与希望 [J]. 中国社会工作，2017 (10)：53 – 54.

区输出优秀志愿者达246人次，其中仍有志愿者坚守在服务岗位。2019年，报名参与西部计划的志愿者（含研究生支教团）达到86人，稳居广东省各大高校前列。在实施过程中，华南师范大学持续推进社会实践与人才培养相结合，发挥师范教育、专业特色和“互联网+”大数据技术优势，精准服务属地，每年暑期有针对性地组建了200多支校级社会实践团队，组织了5 000多名师生赴广东省内的19个地市和贵州、四川、江西、广西等省区，开展了系列以精准服务“智力扶贫”教育关爱，文明创建“美丽中国”，携手实践、技术创新“手机工作室”实践和标准化管理的“一站式”服务为主要内容的志愿服务。贵州罗甸、清远连南、梅州兴宁等48个基地连续3年以上有队伍回访开展服务，四川三台县实践基地更是从2008年地震灾区服务开始，连续10年开展服务。更有专家教授参与，“专业化”指导提升社会服务能力。部分学科带头人和专家教授带领实践队深入农村和社区、走进政府和企业，开展了基层工作观察调研、科技支农帮扶、教育关爱帮扶、文化艺术服务、美丽中国实践、粤港志愿服务等系列活动，提升服务基层能力，使服务质量高、效果好。

二、创新创业培育平台

习近平总书记曾经说过：青年“要敢于做先锋，而不做过客、当看客。让创新成为青春远航的动力，让青春年华在为国家、为人民奉献中焕发绚丽光彩”。青年已成为创新创业的主力军和生力军。广东高校一直以来高度重视创新创业服务育人工作，坚持以立德树人为根本，以创新创业型精英人才培养为核心，以创新创业平台建设为载体，努力将思想教育贯穿创新创业服务全过程，全力构建精英人才培养与思想教育、社会需求、学科发展、国际化教育合作深度融合的创新创业服务育人模式，形成创新创业服务育人的良好氛围，取得较好的创新创业服务育人成效。

华南理工大学坚持高素质、“三创型（创新、创造、创业）”、具有国际视野的拔尖创新人才的培养目标，在长期办学实践中形成了敢于质疑的课堂文化、鼓励创新的激励支持和敢为人先的创业氛围，一大批毕业校友成为我国科技骨干和著名企业家。一是广泛链接，搭建了便利的创新创业生态圈。学校全面布局，以最大限度服务学生为宗旨，精心打造“一校三区”创新创业生态网。二是广泛参与，厚植了浓厚的创新创业文化土壤。在学校层面，构建“院级—校级—省级—国家级”四层次的大学生创新创业训练计划体系和“一院一赛”为核心的学科竞赛体系，为学生搭建广阔的创新活动平台，超过2/3学生在校期间有参与创新创业实践的经历。三是广泛发动，建立健全的创新创业激励机制。规定教师指导学生课外科研获得工作量计算方法和参与竞赛获奖后科研考核经费的奖励办法等，将“挑战杯”指导教师作为可选择条件加入教师专业技术职务评审；学生参与课外竞赛获奖后可获得直接推免和优先推免研究生资格。2009年以来，学校获得中国专利优秀奖、专利金奖数量排名全国高校第一，专利技术转让指标位居全国高校首位。2017年专利申请量超过4 000件，在全国高校排前三位。2008年以来，学校累计派出科技特派员1 300余人次、学生近10 000人进驻到广东21个地市1 000多家企业，与各行业龙头企业共建100多个校企研发机构。近五年校企合作项目超过10 000项，为企业解决10 000个技术难题，产生经济效益超过1 000亿元。①

华南师范大学历来注重创新创业服务育人工作。一是实施卓越英才计划，培育学生项目及学术团队。建设卓越英才科技创新培育平台。瞄准人才与项目，适当向优势学科倾斜，重点进行建设培育。目前已设立13个二级单位为“金种子”平台孵化单位，各教学科研单位均积极参与每年卓越英才科技创新团队的培育工作。培育卓越英才项目及学术团队。由学校公开遴选，由学院择优推荐，对应“挑战杯”竞赛11个类别培育种子项目及团队，每年立项一批学生课外科研课题，选题方向与来源要紧密与国家重点资助、发展方向、民生热点相结合，与学校学科建设、平台建设、人才培养、成果转化相结合，鼓励学科联合与交叉。建立“省级攀登计划+校级卓越英才项目”两级立项，形成“学校—学院—项目”三级联动机制，推荐参与国际、国内重要科技竞赛和学术交流活动，推荐参与中国青少年科技创新奖和全国大学生“小平科技创新团队”评选，为对接“挑战杯”

① 华南理工大学：立足人才培养，多方协同推进，全力构建全员参与的创新创业生态体系［J］. 中国大学生就业，2019（15）：21－25.

国家级、国际级创新创业竞赛做好储备，积极打通大学生科技创新人才培养和成果孵化的通道。二是成立大学生创新创业工作室，系统化服务学生成长。大学生创新创业工作室以培育文化、打造品牌、培育人才为工作目标。推动创新融入教学、创新引领创业、创业融合专业，促进大学生科技创新与实践应用、创业服务等的紧密结合，在校园内形成热爱科学、崇尚创新的学风；深化"挑战杯"、人文科技100讲、科技学术节等大学生科技创新品牌活动，营造浓厚的创新文化氛围，打造第二课堂人才培养成绩单；探索创新创业教育融入教育全过程、适应学生全面发展和个性发展需要的人才培养模式，提升学生的创新创业能力。三是开展大学生创新创业实践活动，广泛覆盖服务学生需求。面向全体学生，举办"挑战者沙龙""攀登大讲堂"系列活动。立足"挑战杯·创青春"和"互联网+"等赛事，围绕哲学社会科学和自然科学领域前沿性和焦点性话题，邀请"挑战杯"评审专家、近年"挑战杯"竞赛获奖者及"攀登计划"课题负责人，开展沙龙和专题讲座会，提升大学生参与创新创业的热情，营造浓厚的创新创业氛围。学校、学院每年举办创新创业高峰论坛、企业家论坛、创业沙龙、创业推介会、企业见习参访等创业活动100余场次，组织优秀大学生前往荔湾区"青年社区行"、南沙区团委实习和广州联通共建基地等参与实习见习，参与学生超过20 000人次。四是打造大学生高端竞赛项目，精准化服务学生成长。以"挑战杯""创青春"系列赛事为带动，每年组织"挑战杯""创青春"系列竞赛、"互联网+"大学生创新创业大赛，并以"大学生学术科技节"为依托支持学院学科专业竞赛品牌打造，力争参赛学生规模每年不少于5 000人次。2014年以来，学校在全国"挑战杯"系列竞赛中取得佳绩，在"挑战杯"赛事中获得全国特等奖1项、一等奖1项、二等奖5项、三等奖5项，广东省特等奖16项、一等奖15项、二等奖16项、三等奖11项。将"互联网+""挑战杯""赢在广州"等全国知名大学生创新创业系列赛事为重要抓手。2012年，启动"合生珠江大学生创新创业基金"，引入各类社会资源资助优秀创业团队开展创业实践，累计资助金额达100余万元。2014年以来，学校在全国"创青春"系列竞赛中取得佳绩，在"创青春"赛事中获得全国金奖1项、银奖3项、铜奖7项，广东省金奖

12项、银奖12项、铜奖9项。五是开展各类创新创业训练营，培养具有国际视野的人才。通过联合培养学生、开展短期培训班（夏令营）、召开国际学术会议等方式，先后与美国、英国、加拿大、荷兰、新加坡等国开展创新创业型人才培养合作交流。先后选派100余名学生赴美国加州大学伯克利分校、斯坦福大学、新加坡南洋理工大学等大学参加“全球创业创新领导力训练营”。六是搭建创新创业实践锻炼平台，服务学生创新创业实践。搭建的基地获得广东省小企业孵化基地、广州市创业培训基地、广州市创业（孵化）示范基地、大学生KAB（Know About Business）创业教育基地、中国移动校园创业孵化基地等多项资质，累计进驻创业团队超过100个，注册成立公司35家，入驻学生人数超过1 000人次。2017年被教育部评为“全国首批深化创新创业教育改革示范高校”（全国211师范大学唯一入选单位）、“2017年度全国创新创业典型经验50强高校”（全国师范院校唯一入选单位）、“全国高校实践育人创新创业基地”等，实现了教育部创新创业教育领域评选的“大满贯”。

三、校园文化品牌

大学校园文化是大学的灵魂和血脉，是先进文化传播的主阵地，是传统文化的创新与发展，在育人立校、实力竞争、创新发展中发挥着不可替代的核心作用。① 多年来，广东高校以营造积极向上、格调高雅、健康文明的校园文化氛围为工作宗旨，打造引领青年、服务青年、沟通青年的校园文化实践平台和文化品牌，不断挖掘和强化校园文化的育人功能。

华南师范大学善于打造校园文化活动品牌项目，多方面满足学生的文化需求。一是成立了“青网计划”工作坊。为主动适应和融入互联网，探索提升“互联网+党建+思想政治工作”的软实力，招募学生网络文明志愿者，组建大数据技术团队，由华南师范大学教授、全国知名大数据专家赵淦森领衔，通过校园网使用情况监测大学生的关注热点以及作息习惯、用网习惯和消费习惯等，大数据分析为学校有的放矢地做好大学生的党建

① 高春倩. 谈大学校园文化的共性和特质［J］. 长春师范大学学报，2020，39（4）：151－152，159.

和思想政治工作提供科学实证依据。同时，以“华南师大紫荆青年”微信平台为核心，100%覆盖3.5万名在校学生，组成统一布局、分工协作、责任清晰的网络矩阵。关注青年的话语体系和表达方式，将传统枯燥乏味的大道理式说教变成现代潮流易被接受的“微产品”，如自主开发吉祥物、表情包、主题漫画、微视频等，用时尚的方式推广主流价值；还有自主开发的社会主义核心价值观吉祥物“萌小兔”，在2015年5月全省“挑战杯”竞赛中一经亮相，就成为竞赛中最大的“明星”，成为学校师生公认代言正能量的“网红”。二是举办人文科技一百讲和学者下午茶活动。活动由校团委主办，各二级学院具体承办。人文科技一百讲每期邀请校内外各专业学者大家为华南师范大学学子授课。学者下午茶则邀请各学院著名的学者大家、青年学者，围绕前期征集的问题，与同学们在品茗中轻松愉悦地交流，让同学们走近名师，感受学者魅力，激发科研兴趣，和同学们分享学术与生活，以达到润物细无声的效果。三是举办“堪当复兴大任勇当时代新人”迎新生文艺晚会，继续办好朋辈教育之校园舞蹈大赛、歌手大赛、主持人大赛、“觅春柳”话剧大赛等。结合全国宣传思想工作会议、全国教育大会会议精神，通过高雅艺术熏陶，对学生进行政治思想引领、创新创业引领、志愿服务引领、优秀榜样引领，引导学生增强对华南师范大学的认同感、明确目标，做有理想、有本领、有担当的新时代大学生，营造积极向上的校园文化氛围。2018年，华南师范大学街球队获得“全国花式篮球大赛”表演赛亚军和季军；学校连年获得“广东大中专学生校园文体艺术节”优秀组织奖、广东省大学生艺术展优秀组织奖。四是开展校庆文化活动。以学校85周年校庆为契机，围绕“学术、校友、文化”三大主线开展系列校园文化活动。华南师范大学85周年校庆期间，举办校庆纪念庆典大会、校庆音乐会，开展校庆学术沙龙、学校VI（Visual Identity，视觉识别系统）创意文化产品征集、主题演讲比赛，寻访华师校友，制作校庆祝福视频等，丰富校园文化活动，梳理学校历史，展现学校风采。在文化内涵建设方面，华南师范大学通过一系列颇具文化气息的活动，让校庆传播学校文化的同时，引领华师人感悟生活、追求美、塑造美。例如，学校图书馆与香港大学饶宗颐学术馆合作策划筹备——“万古不磨意，中流自在心”饶宗颐先生学术成果展。举行《榫卯》首映礼。《榫卯》是由华南师范大学美术学院新媒体系主任甘小二老师自编自导的古建筑题材电影，创作团队里也有许多华南师范大学的师生，如制片人李竞，联合编剧陈广湛，摄影指导宁佳林、王国维，美术指导梁政、金慧，音乐监制蔡晓恩等均是华南师范大学的教师或校友。影片首场点映设线上宣传、线上报名，线下海报，覆盖一校三区全校师生。

广东外语外贸大学校园文化建设工作取得了令人瞩目的成绩，构造了“多元、雅致、灵动”的校园文化环境。一是弘扬主旋律，思想引领成效喜人。学校充分发挥自身的资源优势和特色，精心打造“榜样育人”“文化育人”“实践育人”和“理论育人”四大品牌，将社会主义核心价值观教育有效地融于课堂以外的多种载体之中。培育和践行社会主义核心价值观工作因此获得了上级单位和社会各界的肯定，作为全省教育系统唯一的一个单位，广东外语外贸大学经验在全省交流会上被推广。此外，校训、校歌以及 VI 形象设计等的宣传推广工作取得了实质性的进展。二是学术文化建设成绩突出。近年来，学校注重打造学术讲座品牌，推出了一系列高水平的学术讲座系列。“著名教授论坛”“人文大讲坛”等传统已有的系列讲座不断推陈出新，一批新兴的讲座系列如“教师发展论坛”“海外名师讲学”“时事大讲堂”“云山讲堂”“MBA 讲堂”等纷纷加入广东外语外贸大学“学术大家庭”，从各自不同的专业学科、受众定位为师生献上丰盛的学术文化大餐。此外，学校每年主办、承办的一系列高端的国际性、全国性的学术会议，连同大学生学术节、研究生学术文化节、各学院打造的品牌学术文化活动，为学校营造了浓郁的学术文化氛围。三是校园文化活动的国际化特色日益凸显。近年来，学校校园文化建设紧紧围绕国际化人才培养目标开展，特别是通过举办十大校园文化精品评选活动以及首届校园文化建设成就奖评选活动，不断引导各学院、各团体打造文化精品和特色活动，形成了“英文戏剧大赛”“凤鸣云山系列活动”等一系列国际化特色鲜明的、在校园和社会都具影响力的校园文化品牌活动。近年来，“英文戏剧大赛”和原创话剧《梁宗岱》先后走出校园，登上广州大剧院和广州黄花岗剧院；“凤鸣云山系列活动”和“搭建实践育人平台、打造云山系列品牌”

先后获广东省高校校园文化建设优秀成果一等奖。四是环境育人功能日渐增强。近年来，学校不断整治和美化校园环境，建造了樱花园、九芳园、体育公园等景观园所，继续整治和美化云溪河、语心湖及其两岸，为广东外语外贸大学营造一个“春有花、夏有荫、秋有果、冬有绿”的四季飘香的校园环境；在南北校区先后建造了校史馆、程贤章收藏陈列室、梁宗岱纪念室等场馆，建造了孙中山铜像、饶彰风铜像等名人雕塑，不断提升校园环境的文化品位和育人功能，为师生开展爱国主义教育和校史教育提供新的良好的基地。①

第三节　方式方法

一、善用榜样示范激励育人

习近平总书记指出“榜样的力量是无穷的，大家要把他们立为心中的标杆，向他们看齐”，“要广泛开展先进模范学习宣传活动”。榜样示范教育是提高大学生思想政治教育工作实效性的重要路径。

华南师范大学积极探索以榜样示范推进铸魂育人，持续多年开展“榜样华师”“百名优秀毕业生”“大学生年度人物”“我最喜爱的老师”等优秀师生评选表彰活动，着力打造“卓越班”“青马班”“朋辈班”等“三班两营”卓越人才培养品牌，组织先进模范校园巡讲活动，发挥榜样群体示范引领作用；通过对学生典型的挖掘、榜样人物的宣传，深挖榜样精神内涵，凝练华师校园文化，初步形成体系化榜样文化培育机制。一是“榜样华师”颁奖典礼。2009 年开始，学校党委学生工作部举办了“榜样华师”学生表彰大会暨颁奖典礼，每两年举行一次，至今已成功连续举办了 6 届，成为华南师范大学新生入学教育品牌。典礼对在学业成绩优异、科研能力突出、公益事业成效显著以及校园文化建设等方面卓有贡献的学生团体或个人进行评选、公示并予以表彰。典礼积极探索新媒体在重大典礼仪式上

① 本段内容为广东外语外贸大学提供。

的应用，彰显了技术与思想教育的有机融合，丰富了教育途径与方式，拓宽了工作思路。二是百优毕业生风采展。每年开展本科毕业生荣誉奖学金评选活动，在应届毕业生中评选出100名在道德风尚、学业成绩、专业技能与创新、艺体素养、社会实践与创业等方面表现突出的学生，授予“毕业生荣誉奖学金获得者”（简称“百优毕业生”）的荣誉称号。邀请专业摄影团队为百优毕业生拍摄照片，制作巨型百优毕业生风采墙。在毕业典礼前后和新学期新生入学教育期间在三个校区同时展出。三是先进班集体宣讲会。每年进行一次先进班集体评选活动，并大胆创新，创设了“先进班集体标兵班”“先进班集体示范班”和“先进班集体新秀班”三类集体奖。评选活动重点考察班级在思想建设、组织建设、班风建设、学风建设和特色工作方面的表现。每年新生入学教育期间，荣获先进班集体的学生代表在各学院开展宣讲活动。四是“双十佳学子”答辩会。2019年开始，学校首次设立“十佳砺儒学子”和“十佳鸿鹄学子”称号（简称“双十佳”），旨在引导大学生践行社会主义核心价值观，坚定理想信念，树立高远志向，打造在校本科生的最高荣誉。“十佳砺儒学子”名称取自华南师范大学前身的广东省立勷勤大学师范学院首任院长林砺儒先生，借以勉励学子继承学校优良传统，修德求学，为报效国家努力锻造全人品格。“十佳鸿鹄学子”意在勉励家庭经济困难学生慕鸿鹄以高翔，思拼搏而自强，立鸿鹄志，做奋斗者。在评选过程中，学校举行候选人公开答辩大会并通过网络现场直播，“双十佳学子”爱国、励志、求真、力行的时代风貌在校园引起学习热潮。

以上工作举措，取得了良好的育人效果，形成体系化榜样文化培育机制。“榜样华师”颁奖典礼每两年举办一次，“百优毕业生”每年从6 000多名本科毕业生中遴选出100名，“双十佳学子”从全校2万多名本科生中评选出20名。在典型性和示范性的带动下，榜样的示范与价值引领作用得到充分发挥。“榜样华师就是华师榜样”成为“榜样华师”的一张广告和名片。“我要上墙”更成为华南师大学子激励自己的一句口号，成为榜样文化符号和品牌。“榜样华师”学生表彰大会暨颁奖典礼等品牌活动网络点击量达50万次，受到《羊城晚报》等10多家媒体的关注及宣传报道，在广东高校中产生了良好的示范效应。“四年前，我在台下，也是这个位置，看到台上那么多优秀的师兄师姐，暗暗下定决心向他们看齐；经过不懈的努力，四年后的今天，我也拥有了站上这个舞台的荣耀。”历史文化学院国家奖学金获得者陈敏如是说。

二、善用网络思政创新育人

当代大学生是“数字原住民”，一出生就面临着一个无所不在的网络世界，网络就是他们的生活，数字化生存是他们从小就开始面临的生存方式。广东高校在开展青年工作时积极转变人才培养理念和方法，以网络思政育人为抓手，牢牢把握人才培养全方位全过程的关键环节，深化人才培养体制机制改革，推动网络育人培养机制融合发展，打造了思想政治教育网络新阵地，云端发挥思想引领作用。

华南师范大学致力于将思政传统优势与信息技术深度融合，深入开展“互联网＋创新人才培养”行动计划：一是借助大数据技术，精准把脉学生思想动态。持续多年对全校学生政治观点、思想动态、心理健康、学习状况、关注热点、生活需求等方面数据进行系统采集、动态观测与综合分析；推进“青网计划”工作坊，吸引全校7 000余名志愿者参与。二是依托“互联网＋创新人才培养”行动计划。自主研发“手机教师网”“教师工作坊”等信息平台，通过手机直播、实时交互，将优质教育教学资源传递给乡村师生，实现名师引领、资源共享、线上线下相结合。三是借助信息传播技术，精心打造华师新闻网、“晚安华师”、“紫荆青年”等高品质“校媒群”，“青春演播厅”“榜样华师”等工作品牌。以“现场＋实时传播＋连线互动”方式，增强思想传播、价值引领鲜活性和影响力。“青春引航—华南师大网络思政工作实践探索”获评教育部首批“高校思想政治工作精品项目”。2016年12月，全国高校思想政治工作会议在北京召开，习近平总书记发表重要讲话，强调把思想政治工作贯穿教育教学全过程。时任校长刘鸣作为五高校代表之一以《抢占互联网新阵地探索大学生思想政治教育新路径》为题，介绍了华南师范大学思政工作经验。

近年来，华南师范大学以“晚安华师”为头雁，在“互联网＋思政”

上深耕细作，打造融媒体育人矩阵，已探索出一条新路径。“晚安华师”融媒体思政矩阵就是建设师生校友理想盼望与学校工作之间的“连接点”，将思政工作润物细无声地与全新的传播理念、接地气的报道内容、新颖的形式、先进的技术相融合。一是以“思想引领”创新育人。“晚安华师”融媒矩阵定位为学校思政工作的核心新媒体平台和大学文化的传承与创新平台，充分发挥微信的快速传播效应，加强思想引领，舆论引导，传播正能量，弘扬主旋律。充分发挥学校官微影响力处于全国第一梯队的品牌优势和内外宣传工作优势，创新宣传方式方法，大力推动思想引领走深走新走心。利用新媒体的交互性，提高师生对话题的参与度，增强思想教育的效度。二是以“榜样激励”创新育人。“晚安华师”致力于讲好华师人的故事，及时多方位报道一线师生的教学科研、创新创业成果，颂扬一大批献身教育科研事业的人民教师、为社会主义事业努力奋斗的青年学子，树立先进典型人物榜样，发挥榜样引领、精神激励作用。“晚安华师”采访报道师生校友故事超过100人次，树立了一大批“网红”老师和学生校友典型人物；同时，结合学校80周年的办学历史沉淀丰厚的文化底蕴，策划众多创新性内容，得到师生校友的广泛认同，进一步增强师生校友对母校的凝聚力，为学校改革发展提供强大助力。三是以“人文化成”创新育人。“晚安华师”坚持内容为王，贴近师生精神世界和学习工作生活，为师生传递有人文情感和华师精神的内容。通过引导师生跟踪校园热点，关心学校公共事务，关注师生员工的衣食住行，报道华师的场所、设施变化，为师生提供最齐全的攻略，便利校园生活，在相关职能部门与师生员工之间，搭建起良好的沟通桥梁。深刻把握网络信息传播“社交化”“视频化”“直播化”的全新趋势，打造“双微＋短视频＋聚合平台”官方融媒体矩阵，通过全新的传播理念、原创接地气的报道内容、新颖的形式、先进的技术，坚持做一个有深度、有温度的官微，打造了官微形象“小晚”的品牌。

“我每天早起，都会打开‘晚安华师’看师生留言，用心思考师生们的意见和建议，作为学校思政工作凝心聚力的起点。师生们、特别是“00后”的思想和语言，极为生动鲜活，洋溢着新时代朝气蓬勃的精气神，经常令我很感动。”时任校党委书记朱孔军如是说。以“晚安华师”为头雁的融媒体平台，成为全国高校网络思政工作和新闻宣传工作的第一梯队；学校领导在不同场合多次提起，“小晚”已成为学校一张响亮名牌。截至2019年6月底，“晚安华师”粉丝数为12.4万人，荣获2018—2019年度“中国大学官微十强”奖项，排名全国第七位。2019年3月，“中国互联网+校园媒体创新力峰会”上，荣登“2018中国互联网+校园媒体创新力排行榜南部地区明星榜”。在2018年广东高校官微微信年度排行榜中，“晚安华师”排名第一位。

三、善用朋辈力量以爱育人

“朋辈教育”，指发挥不同青年群体优势，通过向朋辈青年传授相关专业技能、指导实践活动或开展成长互助服务的方式，提高被教者的专业领域素养，增强教人者的学习动力和专业技能，从而达到优势互补、共同成长的目的，是实现大学生自我教育的重要手段，也是通识教育的重要途径。

华南师范大学注重发挥学生朋辈力量，坚持兼职班主任制度，并全面延伸到心理健康教育、校园文化、体育指导、社会实践等领域，形成朋辈教育“专业化”“标准化”“长效化”机制。组建新时代大学生理论宣讲团，充分调动学生发挥主观能动性，搭建线上宣讲实践平台，创新“互联网+理论宣讲”新模式，通过举办各类型微视频大赛等形式，联动各二级学院宣讲团共同参与展示活动，创建易班优课，形成系列网络优质资源，构建朋辈型思政教育。学校自2003年起初步在心理健康方面尝试“朋辈教育”模式；2007年率先在体育领域探索，取得了良好的育人效果；2009年逐步向国防教育和艺术领域推广，目前已经形成了“专业化”带动、“课程化”规范、“大众化”普及、“标准化”建设和“长效化”培养的长效机制。“朋辈教育”打造了影响力大、感召力强、特色明显的校园文化精品，推广“朋辈教育”以来，全校非专业学生获省级以上艺术奖240项，其中国家级22项。2012年8月，推行“朋辈教育”人才培养模式的学校音乐与舞蹈艺术教育实践教学示范中心，成功申报获批为“广东省高等学校实验教学示范中心”，获得资助经费150万元；2012年9月11日，《中国青年报》用3 000字的篇幅以《学生“变”老师，学习无代沟》为题报道了学校在艺术领域推行“朋辈教育”的盛况；2013 年 3 月，获校第六届教学成果奖；2014 年 12 月，获评第二届广东省大学生优秀校园文化艺术品牌项目。《羊城晚报》《广州日报》等多家媒体也予以报道。“朋辈教育”的做法被其他高校借鉴仿效。团中央学校部自 2014 年 1 月起，在全国范围内开展学校共青团重点工作创新试点，共有 499 家单位申报的 489 个项目被确定为正式试点项目。广东省有四个项目脱颖而出获得优秀，华南师范大学是广东省唯一一所获此殊荣的高校。

广东外语外贸大学则创新性地探索了朋辈导师的工作方法：从各学院在本科高年级学生中选聘协助辅导员开展本科低年级学生思想政治教育与管理工作的学生干部。朋辈导师的要求条件非常严格：要求具有良好的思想政治素质，担任过学生干部，有较强的组织管理能力、沟通协调能力、文字和口头表达能力，在同学中有比较高的威信，优先考虑中共党员；学习勤奋，成绩优良，本科学生已修课程的平均学分绩点在 2. 8 以上，或者在校级以上学科知识或技能竞赛中获得过名次，或者在公开发行的刊物发表过论文或作品；工作责任心强，乐于为同学和集体服务，能起到骨干模范作用；熟悉本科低年级学生的思想心理特点及教育管理方法；具有良好的个人形象和健康的身心素质。从上可见，选聘条件所涵盖的内容非常全面，突出了朋辈导师的综合素质。在设定朋辈导师的权利上首先摒弃了薪酬制，选择了综合测评加分制；同时专门设计了朋辈导师社会实践证明书以及和学生干部一样享有评优评奖的权利，这对高年级学生产生了巨大吸引力。数据为证，2016 年招聘首届朋辈导师 241 名，报名学生就有 2 000 多名，完全超出意料。广东外语外贸大学要求学院朋辈导师要先培训再上岗，提高技能、注重方法。由具体职责规定可见，学校对朋辈导师的工作职责内容界定清晰，范围覆盖到位，体现着辅导员的职业化、专业化、专家化，有利于朋辈导师的工作与辅导员工作无缝接轨，有助于明晰朋辈导师发挥作用的现实路径。此外，学生处牵头组建朋辈导师督导组，成立督导工作室，加强对学生朋辈导师工作质量的监控力度，在实施本科学生朋辈导师管理的过程中，建立监督和反馈系统，提高朋辈导师工作质量和管理服务水平。广东外语外贸大学朋辈导师实践的良好效果表明，有效的朋辈导师过程管理可以成为开展大学生思想政治教育工作的有力抓手和创新之举。[1]

第四节　典型案例或创新实践

——华南师范大学团委"青春演播厅"工作案例

"青春演播厅"是华南师范大学团委打造的思想引领品牌项目。该项目以学习宣传贯彻习近平新时代中国特色社会主义思想和党的十九大精神为首要政治任务，将立德树人作为出发点和落脚点，凝聚100余名青年榜样代表、600余名团学骨干，融合面对面互动交流、主题演讲、事迹分享、音乐思政等多样化的形式，打造汇聚正能量的学生"朋友圈"。

一、目标思路

自2014年开播以来，"青春演播厅"共计开展23期，引领20余万名青年学生成长成才，并录制视频运用于党团员教育、新生入学教育、招生宣传等。时任中央政治局常委、中央书记处书记刘云山，中央政治局委员、国务院副总理刘延东，中央政治局委员、广东省委书记胡春华，中央政治局委员、广东省委书记李希亲临现场观摩了"青春演播厅"，刘云山评价华南师大为做好当代大学生的思想政治工作创造了很好的经验。"青春演播厅"曾荣获"第九届高校校园文化建设优秀成果推选展示"二等奖、广东高校校园文化建设优秀成果特等奖、广东省"十佳网络公益团队"、"灯塔工程"广东青年大学生思想引领精品项目。

二、实施举措

（一）主题鲜明，擦亮"红"的底色，浸润主流价值引领青年听党话跟党走

政策理论解读涵养青年。"青春演播厅"用习近平新时代中国特色社会主义思想铸魂育人，从党和国家的发展历程中取材。第7期"青春演播厅"《习近平总书记重要批示与我们的时代担当》邀请"长江学者"陈金龙、卢

---

① 刘军，叶开，莫小俊. 高校朋辈导师的过程管理研究：以广东外语外贸大学为例［J］. 河北农业大学学报（农林教育版），2018，20（1）：113－118.

晓中、李胜做客，与青年学子近距离现场对话互动，解读习近平总书记重要批示精神。第 9 期“青春演播厅”《学习贯彻党的十九大精神，砥砺奋进再出发》邀请 3 位党的十九大代表周洁、陈小花、张丹凤畅谈心得体会，让师生走进党的十九大。在庆祝中国共产党成立 100 周年之际，第 21 期“青春演播厅”《奋斗百年路，启航新征程》以党的百年发展历程为主线，通过红色经典文艺节目等多种形式实现党史学习教育、爱国主义教育和中华传统文化传承的贯通融合。

聚焦社会热点引领青年。“青春演播厅”节目主题紧贴时代发展。第 15 期“青春演播厅”《粤港澳大湾区建设与广东大学生使命担当》中嘉宾们以自身经历探讨青年应如何融入粤港澳大湾区建设。第 20 期“青春演播厅”《续写更多春天故事》回顾改革开放 40 周年的光辉历程，讲述华师人的创新创业故事。在疫情防控期间，第 19 期“青春演播厅”《初心使命，华师力量》邀请湖北籍返乡志愿者代表华维勇、赴武汉一线中西医结合救治病人的张俭、“新冠病毒核酸检测试剂盒”科研团队束文圣、“心晴热线”代表袁杰、青年战疫云支教突击队学生代表何智升等师生讲述华师人的抗疫故事，鼓舞华师青年积极投身战疫。

用情用力讲好中国故事鼓舞青年。第 10 期“青春演播厅”《让青春绽放在祖国最需要的地方》由奥运冠军陈中、惠若琪分享自身支教故事，引领青年将专业知识转化为服务社会的能力。第 11 期“青春演播厅”《讲好中国故事，传播好中国声音》邀请从事汉语国际教育的王葆华教授，海外开展汉语志愿服务的姜小飞、李弘飞讲述奋斗在汉语国际教育第一线的亲身经历。来自乌兹别克斯坦的依达丽、苏丹的阿木、印度尼西亚的詹辉鸿讲述融入中国、求学华师、传播中国声音的故事，引导青年自觉肩负起传播中国好声音的使命担当。

（二）形式新颖，用好“活”的现实，把榜样力量转化为青年接续奋斗的强大动力

以小故事感悟大道理。“青春演播厅”把奥运冠军陈中、惠若琪，“长江学者”陈金龙、卢晓中、李胜，党的十九大代表周洁、陈小花、张丹凤等榜样邀请到大学生中间讲故事、解疑惑，以润物细无声的方式达到掷地有声的效果。邀请创新创业杰出青年校友张瑜、“网红”思政课教师张永刚、“感动南粤校园”广东大学生年度十大人物钟裕等做客“青春演播厅”，挖掘各行各业华师优秀青年的故事，启发青年从身边人的青春故事中感悟社会责任和家国情怀。

以青春对话实现思维碰撞。通过师生近距离的访谈和思想的碰撞引发青年思考，从入党60周年84岁的老党员徐士珍、华附“最师”陈妤、登上珠穆朗玛峰的援藏干部朱虹飞、海南野生动物保护者江海声、广东省首批青年珠江学者王瑞明、帮助20余名学生“圆梦”大学的洪佳文的访谈中产生情感共鸣，努力发挥典型的示范效应和辐射作用。

以音乐思政创新思政模式。“青春演播厅”力求切中青年的兴趣点，第21期“青春演播厅”《奋斗百年路，启航新征程》创新采用音乐思政课的模式，以百年党史为线索，选取时代特征强烈的曲目讴歌党史，并糅合“微党课”“微访谈”等形式，将艺术创作与思想政治教育深度融合，真正让近3万名青年学生爱看、爱听、爱参与。

（三）技术助力，突出“新”的特点，打通思想政治教育“最后一公里”

自主研发平台实现全程直播。运用多媒体传播技术和实时全互动的方式，自主研发手机直播平台，实现“青春演播厅”每期全程线上直播。其中，第16期“青春演播厅”首次由西藏林芝支教队、贵州研究生支教团志愿者组织服务地学生观看直播，扩大思想政治工作覆盖面。“青春演播厅”通过线上微电影、漫画、网络对话等方式发布活动预告，让感兴趣的师生以点赞、朋友圈转载评论的方式报名参与活动，工作团队根据线上热议的话题和传播的热度及时调整演播方案，以达到最佳演播效果。将场内嘉宾对话信息进行实时报道，发动热门话题线上同步参与，与嘉宾互动问答，将虚拟空间与录播现场实时切换，每期线上辐射近万名青年学生。

“云上思政”实现载体创新。2020年，“青春演播厅”结合疫情防控工作要求，创新活动载体，丰富“云上思政”供给。第19期“青春演播厅”采用云录制的方式，万名师生党员、入党积极分子同上一堂疫情防控党课，线上观看量高达28 000人次。第23期“青春演播厅”以同上一堂云团课的形式，师生共同讲述与共青团奋斗的故事，以实际行动引领团员青年坚定不移听党话、跟党走，实现了互联网思维促进信息技术与思政工作紧密结合。

录制视频实现点击量破百万。每期“青春演播厅”录播后制作成微党课，广泛用于党团员教育、新生入学教育、招生宣传等活动中，将项目成果推广到第二课堂活动学习教育中，累计线上点击量超300万人次。作为党史学习教育的鲜活素材在党员学习空间展播，成为校内外党员沉浸式体验党史学习教育的重要窗口。

三、工作成效

深受青年喜爱，引领青春新风尚。“青春演播厅”深受广大青年喜爱，每期“青春演播厅”以线上微电影、网络对话等灵活、新颖的形式吸引广大青年学生全程观看直播、积极转发并实时参与互动评论，青年受众互动黏性强。截至2022年3月，“青春演播厅”已推出22篇微信推送专题报道，平均阅读量10 000多人次，平均每期辐射师生人数2万余人，真正让学生爱看、爱听、爱参与。

示范引领青年投身生动实践。青年学生在青年榜样的生动讲述中学懂、弄通习近平新时代中国特色社会主义思想，感悟初心使命，坚定理想信念。青年学生更通过沉浸式体验各行各业杰出青年榜样代表的事迹，将榜样力量转换为生动实践，积极投身西部建设、乡村振兴和志愿服务的广大舞台中。至今为止，已遴选西部（山区）计划、研究生支教团志愿者400余名赴西藏、贵州、广西等地开展志愿服务，每年发动5 000余名师生组建200余支社会实践队伍深入基层实践，受益群众达49万人次。动员近2万名学生参与疫情防控，为打赢疫情防控这场硬仗贡献青年志愿力量。

成果推广产生广泛社会影响。“青春演播厅”录制视频已制作成22期微党课视频在党员教育、新生入学教育、招生宣传中推广使用，用原创思想政治品牌引发青年群体的情感共鸣。“青春演播厅”还获得《人民日报》、新华社、《光明日报》、《中国青年报》、《南方日报》及学习强国APP等十余家中央和广东媒体集中采访报道，CCTV－1《焦点访谈》曾做专题报道，赢得社会各界广泛赞誉。

四、经验启示

“青春演播厅”坚持以小故事感悟大道理，用身边人身边事引导广大青年求真知、长本领、成栋梁。一是聚焦青年想看的内容。在坚持用习近平新时代中国特色社会主义思想铸魂育人这一主线的前提下，主题紧贴时代发展潮流，聆听青年心声，既有读政策、学党史，也有社会热点、身边榜样故事。二是采用青年爱看的形式。通过嘉宾访谈、主题演讲、事迹分享、音乐思政课等青年喜闻乐见的形式，有温度地引导青年在聆听中受触动，在触动后求奋发。三是搭建青年乐看的平台。学校自主研发手机直播平台，以青年习惯的互联网思维促进信息技术与思政工作紧密联结，将“面对面”与“键对键”相结合，吸引力、感染力不断增强。

“青春演播厅”自开播以来，已推出 23 期精品节目，以鲜明主题插旗于思想政治教育工作阵地，引导青年从愿意看、乐意看，到主动看、看得进，广大青年在观看“青春演播厅”过程中学思践悟，与时代同行，与榜样同行，唱响新时代的青春之歌！

第九章 基建工作育人功能的实践探索

我国《高等教育法》第五条规定：高等教育的任务是培养具有创新精神和实践能力的高级专门人才，发展科学技术文化，促进社会主义现代化建设。第三十四条规定：高等学校应当以培养人才为中心，开展教学、科学研究和社会服务，保证教育教学质量达到国家规定的标准。美国的教育家和实践家查理斯·R. 范海斯（Charles R. Van Hise，1857—1918）和美国当代著名教育家克拉克·克尔（Clark Kerr，1911—2003）等认为，“教学（人才培养）、科研、服务（社会服务）”是现代大学的三项基本功能。

由此可见，人才培养，即育人，是高校最核心、最重要的功能。高校基建工作，是指为实现高校办学目标而进行的基本建设，以及围绕基本建设而展开的一系列管理和服务工作。基建工作的成果，即通过投资和建设，形成了高校扩大再生产（发挥教学、科研、生活、服务等职能）的固定资产（课室、实验室、学生宿舍等功能用房）；或者通过装修、改造，提升了基础设施的使用效能。

所以，基建工作的成果是高校发挥其功能的最基础、最直接的载体；必须紧密围绕和服务于高校“育人”的核心功能；主动以此为目标，为高校育人功能的实现提供最根本且强有力的保障。

第一节　功能表现

从基建工作的内容来看，基建工作和学生的直接接触不多，但是对高校育人功能的硬件提供了不可或缺的大力支持。基建工作主要是通过做好服务工作，在具体工作中认真贯彻育人思想，通过在服务理念、服务环境、服务模式等方面发挥作用，成为高校育人体系的一部分。

一、服务理念育人

随着时代的进步和社会的发展，育人工作也面临着新挑战，产生了一系列新理念。习近平在全国高校思想政治工作会议上强调，要把思想政治工作贯穿教育教学全过程，开创我国高等教育事业发展新局面；做好高校思想政治工作，要因事而化、因时而进、因势而新。

从育人的对象来看，“90 后”陆续毕业，“00 后”已经进入高校成为大学生的主力军，他们出生在经济和信息技术快速发展、快速变化的时代，具有更鲜明的个性特点和心理特征；从社会发展来看，网络普及广，信息更新快；从高校发展来看，高水平发展需要迫切，国际化交流日趋频繁，有很大的压力，也需要广阔的发展空间。因此，育人工作要在遵循大学生教育管理基本原则的基础上，为实现育人目标及时做出具有针对性和有效性的优化与调整，采取科学、合理措施构建新的工作模式，进而才能满足“00 后”大学生教育管理实际工作的需求，为社会培养更多优秀人才。①

所以，在规划设计方面，要注重贯彻新理念，体现新时代、新特征。尤其是一些高校的原有校区，一般都地处市中心，交通便利，人口众多，校园原建筑多以低层为主，缺少地标性建筑，在所在区域的可识别性较低；建筑功能单一，与节能和环保的理念还有一定差距。因此，在进行规划设计时，要对校园布局现状进行相应调整，进一步挖掘土地潜力，增加各类校舍面积和使用功能，分析学校用地规模、建筑规模和配套设施，以适应

---

① 殷鑫，窦立军. 00 后大学生教育管理模式探究［J］. 教育现代化，2018，5（17）：189－190，213.

未来育人的新发展。

校园规划设计要贯彻集约化、节能和环保理念。随着人类社会的发展，大家都意识到资源的稀缺性；尤其是土地资源，数量是紧张的。这就要求我们必须走集约化发展道路，在规划设计方面做好建筑布局，做好功能分区与共享，节约利用资源。通过功能的综合组织和复合空间设计，形成紧凑、合理、高效、有序的空间互动机制。如北京信息科技大学的新校区建设，按照学校发展计划规模，全日制在校生 18 000 人规划，根据《普通高等学校建筑规划面积指标》标准结合集约理念，将人均建设面积标准从 40 平方米降至 30 平方米，建筑规划总规模 54 万平方米；实现了科技效应、经济效应、环境效应的高度统一。① 在具体项目上，要充分利用自然，因地制宜，减少能耗和碳排放；在材料方面，使用节能和环保材料；达到绿化、美化和净化的统一。在生态规划方面，湖南文理学院基于“海绵”理念节能环保的生态校园规划，厦门大学基于“自然”理念依山傍海的生态校园规划等，都值得其他高校借鉴。

校园规划设计要实现开放、融合，突出服务育人功能。高校发展的开放化和国际化日趋明显。育人，必须与国际接轨，也必须与社会联系。高校校园也要逐步实现对外开放、融入社区，服务城市发展战略，与社区、与所在城市形成资源共享、开放互动的良好机制，为服务育人提供良好环境。在校园建筑和设计满足基本需求，发挥基本功能的前提下，规划设计还应该借鉴景观设计的“三元”（旅游、景观、生态）理论，弥补现有校园环境建设中生态、景观占有比重少的不足，响应国家改善生态文明建设政策，把学校校园建成名副其实的第二课堂②，着力突出其育人功能。

校园规划设计要重视效果和特色，统筹兼顾，和谐统一。根据美国著名广告大师奥格威的 CI（Corporate Identity，企业识别）理论，高校也应该像企业一样，建立自己独特的、统一的、可识别性的识别系统，以突出体

---

① 齐亮，李梦竹．高校新校区规划设计策略研究：以北京信息科技大学新校区总体规划为例［J］．北京规划建设，2016（2）：113－115.

② 刘永行．教育改革新形势下高校校园基本建设规划设计理论研究［J］．价值工程，2015（26）：212－213.

现自身的办学特色和校园文化等。校园规划及建筑则可以其协调的色调、统一的风格、特色的景观等直接体现。所以，校园规划设计要和学校事业发展战略规划、学科与队伍建设规划、校园总体规划协调统一；高校的校区和校区之间，原有建筑和新建筑之间，近期目标和远期计划之间，教学、科研和生活等功能之间，都需要做好协调与均衡。

校园规划设计要坚持原则和程序，实事求是，科学决策。校园规划的编制和调整要严格执行国家有关规范和标准，并要进行充分论证和广泛征求意见，民主决策，科学决策，从实际出发，把握和利用高校建设发展的基本规律，立足现在，着眼未来，注意可持续发展，做好项目储备，预留必要的发展空间。

在具体项目设计时，一是要有周密计划，预留充分时间，减少反复变更，落实各项参数，做出高水平的设计。二是要贯彻限额设计，即按照批准的可行性研究及投资估算控制初步设计，按照批准的初步设计总概算控制施工图设计，同时各专业在保证达到使用功能的前提下，按照分配的投资限额控制设计，严格控制技术设计和施工图设计的不合理变更，保证总投资限额不被突破。① 限额设计并不是单纯考虑节约投资，而是包含了尊重科学、尊重实际、精心设计和保证设计科学性的实际内容。②

二、服务环境育人

2017 年 2 月 27 日，中共中央、国务院印发《关于加强和改进新形势下高校思想政治工作的意见》明确指出“坚持全员全过程全方位育人。把思想价值引领贯穿教育教学全过程和各环节，形成教书育人、科研育人、实践育人、管理育人、服务育人、文化育人、组织育人的长效机制”。③ 高校基建工作要积极主动，融入体系，充分发挥服务育人功能。

---

① 孟政兵. 高校基建管理探讨［J］. 甘肃联合大学学报（自然科学版），2012（3）：111－115.

② 刘天. 限额设计在工程造价控制中的作用［J］. 新疆化工，2003（3）：41－43.

③ 教育部. 教育部关于加强和改进新形势下高校思想政治工作的意见［Z］. 2017.

高校基建工作，重点从构建基础环境和校本文化方面，建设安全、和谐、人本、特色的优美校园，助力“三全”育人体系新发展。建筑规划和建筑风格是学校文化的物质基础和直观表现；高校校园遍布的园林设计、地标建筑、艺术雕塑等人文景观，高度凸显校园文化的特色和亮点；高校基建重视新材料应用，新功能拓展，新理念实践，重视创新，更重传承，新老建筑交相映衬；为广大师生提供了美好舒适、和谐安全、自然生态的工作和生活环境。

三、服务模式育人

广东是改革开放的排头兵、先行地、实验区，承担着“四个坚持、三个支撑、两个走在前列”的艰巨任务。广东高校各项工作也必须全面深化改革，开拓创新，建设新校园。高校基建工作采取的创新措施包括：新手段、新技术的应用，建设模式的创新（如 PPP、EPC 等），配合政府部门规划和报建程序的简化，工作流程的优化，信息系统的建设，等等。这些创新既提高了工作效率，又保证了建设质量，为校园建设提供了坚实保障。

第二节　资源、平台和保障

一、基建工作服务育人的资源

随着高校扩招后规模效应的逐步显现，高校建设进入“内涵发展”和“质量提升”阶段。国家也提出了发展高等教育，建设“世界一流大学和一流学科建设”的战略举措。随着高校学科建设的快速发展，师生规模和结构的不断调整，校园现有教学、科研、生活配套等基础设施的制约逐渐凸显，而且面临多校区的协调整合，不能很好地满足办学和快速发展的要求，迫切需要对校园布局现状进行相应调整，进一步挖掘土地潜力，增加各类校舍面积以适应未来发展。

为充分发挥基建工作育人的功能，首要的是要做好校园总体规划。校园总体规划是有关校园建设战略性、总体性、指导性的基建计划，包括建筑布局和功能分区、新建项目、道路交通、地下管线等的规划，是学校“三大规划”（即学校发展战略规划、学校学科建设与教师队伍建设规划、学校校园建设总体规划）之一，对校园建设具有关键的导向作用。同时，也是制订分年度基本建设计划的依据；用以计划各年度内的基本建设规模、内容和效果。

为实现高校发展目标，明确高校基本建设任务，为高校提供办学条件保障，需要以生为本，努力通过广泛调研，反复论证，做好校园总体规划的编制及调整工作；规划成果要体现时代性和超前性的特点，为校园建设的可持续发展做好总量储备，以满足高校育人所需各种建筑和配套指标、建筑布局及风格的需要。

各高校为科学编制、认真落实规划，都在机构、制度、人员方面做出了周密安排。如成立校园规划委员会、基本建设规划工作组等专门机构。加强领导，统筹协调，督促各部门和各单位高度重视规划各项工作任务的落实。建立学校领导分工负责机制和各部门、各单位联动协作机制。按照规划的部署和要求，分管校领导带头研讨和推动落实规划内容，将任务和指标层层分解，落实到单位和责任人，明确时间表和路线图，同时加强协作配合，共同抓好规划的落实。在学校统一领导和部署下，各单位切实承担起规划实施的责任。建立健全规划落实绩效评价考核体系和考核办法，跟踪基建项目完成情况，定期发布规划落实的评估报告。针对规划期间学校发展过程中遇到的新形势、新情况、新问题和新任务进行充分研究，及时对规划进行调整。

二、基建工作服务育人的平台

高校基建部门主抓各种新建、改建、扩建等基建工程的全过程管理，负责校内建筑物的结构安全、围墙道路排水系统等基础设施的检查及维护工作，既要热心服务，又要规范管理，是基建工作育人的主体。

新建、改建、扩建等基建工程的实施，是校园总体规划从图纸到实际的具体实现。该过程管理工作涉及面广、环节多、专业性强、技术复杂，主要内容包括各具体项目的决策与立项、设计和预算、招投标、合同和造价管理、施工管理、竣工验收和使用移交、结算和财务决算、工程档案管理、工程保修等环节。

按照项目进行的过程，以上程序又可以分为前期、中期和后期工作。前期工作，在决策和立项阶段，要科学决策、集体决策，做好项目建议书和可行性研究，才能保证中后期项目的顺利进行。在设计阶段，尤其是规划设计阶段是高校基建项目管理的基础，是建设项目成本控制的关键和重点。① 一个项目的设计包括了前期策划、概念规划、详细规划、单体设计、地质勘查、初步设计和施工图设计等多个阶段，每一个步骤都要扎扎实实，为后面的工作打下坚实基础。根据相关法律法规规定，涉及金额较大的，还要进行招投标工作。

在项目中期，要按规范做好招投标工作、合同管理和施工管理工作。其中造价的管理和工程质量的管理是关键。一方面，要压实监理工作；另一方面，要与业主或使用单位详尽沟通。同时，发挥职能部门作用，严格审核，不超投资、不超工期；确保工程质量出精品，保证安全文明施工。

在项目后期，基建职能部门要牵头及时做好项目的竣工验收和使用移交、工程结算和财务决算、工程档案收集整理、工程保修等工作。基建工程的验收工作，要严格按照国家行政管理部门规定程序格式执行。由监理单位进行预验收，限期整改存在问题。承包单位应在施工合同约定时间内及时提交竣工结算报告及结算资料，配合业主及时完成财务竣工决算编制工作。基建档案的管理要严格按照国家有关规定，及时收集、整理基建项目各环节的文件资料，建立健全基建项目档案，并在建设工程竣工后，及时向建设行政主管部门及学校档案馆移交建设项目档案。在合同规定的质量保修期内，所有工程质量方面的维修工作，均由施工单位无偿负责。

根据广东省教育厅《省属公办高校基建管理办法》的要求，结合学校内控建设体系的需要，广东省很多高校还逐步建立了基建项目后评价制度。在项目建设完成并投入使用或运营一定时间后，对照项目可行性研究报告及审批文件的主要内容，与项目建成后所达到的实际效果进行对比分析，

---

① 吴明友. 高校基本建设项目投资控制研究［J］. 安徽工业大学学报（社会科学版），2011，28（4）：28 - 29.

找出差距及原因，总结经验教训，提出相应对策建议，以不断提高投资决策水平和投资效益。后评价内容可包括立项阶段评价、勘察设计评价、施工阶段评价、竣工阶段评价、运行阶段评价、社会效益评价、经济效益评价等部分。通过实施项目后评价制度，不仅能够积累经验，提升基建管理水平，而且能够重视项目提高绩效，提升师生对具体建设项目的获得感、安全感和幸福感。

基建工程的全过程管理工作，集中体现了基建工作的周期性和专业性，时间长、环节多；与其他有营利目的的基建工程相比，以服务育人为目的，必须体现人文关怀和文化积淀，必须高度重视工程质量和文明施工，以“百年工程”为“百年树人”提供有力支撑。

同时，很多高校历史悠久，建筑物逐步老化，为确保环境安全，需要对其结构进行专业检查，经常进行巡检、维修、补漏或加固，发现问题要及时处理。有的高校没有实施雨污分流，或者排水设施落后，在新的环境下，都存在不安全因素，也面临大型的改造问题。还有一些山坡、围墙等自然环境和构筑物，受到恶劣天气或其他因素影响，也会产生严重的安全问题。所以，必须以高度负责的态度，加强巡查，重视安全，确保安全的育人环境。

华南师范大学高度重视建筑物和构筑物的安全问题，建立了日常安全监管体系和日常安全检查工作，采取定期巡查和不定期检查相结合，常规安全巡查和开学假期、恶劣天气等重点巡查相结合的方式，认真落实安全工作并建立各类督查台账，及时处理安全隐患。按计划、分步骤对全校的钢结构、墙体、天花等进行了专项检测；并委托专业房屋安全鉴定单位，对石牌校区 12 栋旧有建筑进行了房屋安全鉴定，提供检测报告，排查结构安全隐患，为学校老旧房屋管理提供技术依据；并对学校三个校区的人行道、地下管道、建筑物门窗、围墙、无障碍等基础设施进行全面维修，确保安全；对于存在安全隐患、不能继续使用的老旧房屋，也及时按照程序予以拆除；切实把校园基建安全工作落到实处。

另外，为改善高校办公、教学、科研以及生活条件，需要对一些陈旧的建筑进行装修或修缮，尤其是实验室的建设和改造，还需要一些特殊的专业要求。基建工作必须围绕科研需求、人才引进的需要，发挥专业特长，为培养高级专门人才做好服务和保障工作。

根据广东省政府采购相关文件，2017 年起，装修、修缮工程也被列入政府集中采购目录。因此，基建装修、修缮类项目，也要按照政府采购的相关规定，做好决策与立项、设计和预算、实施定点采购或竞争性磋商等政府采购程序。这对基建工作的管理和服务提出了更高要求，基建工作要紧密配合使用单位和老师，切实满足他们的使用需求。

高校基建部门既要热心服务，又要规范管理。维修修缮工作虽然金额不大，但是零散、烦琐，对师生正常工作生活影响大。所以，要做好这项工作，除了专业技术，还需要端正的态度，有热心、耐心、责任心；作为机关部门，还要重视作风建设，服务师生时全面落实首接责任制、项目负责制、限时办结制等制度，打造优良的机关作风，切实发挥服务育人的功能。

三、基建工作服务育人的保障

高校基建工作，服务于高校育人工作。我国高等教育肩负着培养德智体美劳全面发展的社会主义事业建设者和接班人的重大任务。所以，高校的育人工作和基建工作一定要坚持党的领导，认真学习并贯彻党的先进理论，并以此指导基建工作的开展。

党支部是党的最基本的组织，是党全部工作和战斗力的基础。高校基建工作的党支部在实际工作中，要始终把政治建设放在首位，全面推进支部的思想建设、组织建设、作风建设和纪律建设；充分发挥在推动建设、服务师生等方面的作用，强化党支部政治功能；积极发挥党员先锋模范作用，提高政治意识和宗旨意识，团结引领干部群众坚定目标、务实创新，提高业务水平，增强服务学校大局的本领。

第三节　方式方法

一、发挥协同效应，实现“三全育人”合力

“协同理论”是德国斯图加特大学教授哈肯提出的，该理论运用分析类

比手段来描述各种系统和运动现象中从无序到有序转变的共同规律。[①]

协同理论认为，系统内部各个系统或组成要素间存在着相互影响而又相互合作的关系，系统内部各子系统或组成要素间协同得好，系统的整体功能发挥必然优良。“三全育人”，需要借鉴协同理论，通过目标协同、资源协同和主体协同，发挥协同效应，共同实现育人目标。围绕育人目标，坚持高校不同部门之间、同部门党支部、行政和工会之间、不同科室和人员之间，实现相互配合，资源和信息共享，有序运作，形成巨大合力，保证育人体系高效运转。

二、结合实际，建立完整体系，突出特色育人

每所高校都有自己的办学目标和办学特色，所以，在发挥育人功能方面，也要结合学校实际，围绕学校的发展目标，在硬件建设和软件建设两个方面，建立自己的育人体系。硬件方面，包括各类基础设施、人文景观等；软件方面，包括各项规章制度、大学精神、师生风貌、文化积淀等。在实际工作中，强化职能部门、师生员工及主管部门等主体和各个环节之间的协调配合，突出部门内外多沟通、横向多联系和纵向多传达，建立完整、高效的育人体系，使学生既有个人意识，又有集体观念；既有获得感和优越感，又有责任感；在良好的环境体系下，获得个人的全面发展。

三、充分利用新技术新方法，展示基建部门良好形象

在信息技术时代，要实现各项工作的信息化，消除信息孤岛，实现无缝连接和沟通；充分发挥信息系统及新媒体提升信息传递的效率，将基建工作直接服务于师生，提高基建工作的显示度，打造良好作风，“化潜为显”，建立基建部门良好形象。

---

① 陈奎宁．“新三论”的启示：谈耗散结构论、协同论和突变论［J］．科技导报，1987（1）：40－42．

第四节　典型案例

据基建处介绍，华南师范大学东区 11 栋学生宿舍将于 2018 年 11 月 9 日举行奠基仪式，预计明年下半年完工。

由于学校的跨越式发展，学生规模不断扩大，为进一步拓展住宿空间，改善学生住宿条件，学校决定加大学生公寓建设力度，在原东 11 栋学生宿舍位置新建一栋现代化的学生公寓楼，东侧为东 14 栋学生宿舍，西侧为陶园饭堂，北侧为原东 9 栋学生宿舍，南侧为东 19 栋学生宿舍。

一、四人间，独立卫浴

东区 11 栋学生宿舍总用地面积为 3 874.5 平方米，建筑层数为 12 层（局部 8 层），建筑高度高达 43.8 米（局部 29.4 米），总共修建 271 间宿舍，预计使用人数为 1 084 人。

此次新建的东 11 宿舍楼是标准四人间，上床下桌，拥有独立卫浴和阳台，并且有洗衣机位和洗手池位，会在公共区域投放一些基本的生活配套设施，以满足同学们的人性化需求。

宿舍功能设计还充分考虑特殊群体的需求，以人为本，除提供标准宿舍外，就近电梯口设置提供无障碍的残疾人宿舍套间，配套有残疾人专用通道、扶手、卫生间。

据悉，目前还没确定建成后哪些学生可以入住，综合考虑完工时间和三个校区招生结构后，学校后勤宿管部门将与相关部门及学院沟通提出住宿方案。

二、各楼层将有共享空间

宿舍楼一楼是对外开放的架空层，预计会设立整个学校宿管中心一站式服务大厅，为学生后勤服务提供保障，架空层也是学生日常交流和活动的空间。

二楼整层为对外开放的功能房，预计会设立阅读室、自习室等空间让学生学习，添加阅读间、文体活动间等空间供学生学习娱乐，还会引入学生活动室、会议室等可以对外借用的公共空间，就像一个社区。基建处钱汉中老师表示，要倡导一种自由、自然、活力、时尚、共享的空间环境模式，尊重学生个性发展，创造人性化生活空间，比如考虑设置特殊学生用房、厨房给学生煲药等，或者满足其他人性化需求。

宿舍楼内增加多层共享交流空间，六、七、八楼为交流平台，提供舒适的室内环境和良好的采光通风，便于学生进行交流、学习和社团活动。大学生校园生活丰富多彩，社团活动较多，学习模式多样化，注重交流，协作完成，大学生在宿舍区域活动的时间长，社团开会和学习讨论常在宿舍区域内，宿舍是一个融学习与交往的一个重要场所。

据宿管中心介绍，学生公寓是重要的服务育人阵地，新建的学生公寓楼不能只满足于学生住宿需求，应该汇集实现生活空间、学习空间、文化空间、社交空间、锻炼空间、育人空间等综合功能。

在设计论证阶段，基建处会同后勤处、学生处、校团委多次调研论证，希望在现有的条件下尽量满足现代公寓的综合功能。

据介绍，结合学生学习和交流需求，学校希望在宿舍楼中布置公共阅读学习空间和多层交流活动场所，给学生创造多种的空间活动选择，为学生提供住宿、交流、学习为一体的多功能学生公寓，塑造共享融合的空间，建立充满活力的，富有景观性、舒适性与绿色生态并重的全新宿舍。

三、建筑风格简洁明快

华南师范大学校园内的主要建筑风格较为统一，但形式多样，整体以古典和现代风格为主，简洁大方，多以竖向线条、三段式构图，层次感突出。此次新宿舍楼继承传统建筑适应气候和地域文化表达的同时，也不拘泥于对传统建筑的描摹，在建筑布局上一改古典主义美学所规定的对称原则，大胆采用现代灵活的构成手法，注重内外微环境的营造。

华南师范大学校内建筑整体颜色以灰白色为基础，大部分住宅及宿舍为灰色或白色，校内主要公共建筑有红白配色，有一定的时代感。东区11栋宿舍楼的布局形式规整，建筑形式简洁、明快，突出横向线条，色彩以白色为主色调，以暖色为辅，表面以淡黄色、灰白色的小瓷片贴片，与校园环境融为一体。

结合岭南气候特征，东区11栋采用内外廊结合的通透式室内环境设计。群组空间给予了各部分较好的自然采光，退台式的观景平台创造了一个室外阳光空间，东南侧与老建筑相连部分，采用廊道相连，将庭院内外景观相互渗透，有利于气流畅通，首层绿化及架空层空间进一步优化了建筑的通风环境。

华南师范大学历史悠久，存在着重要的校园生命的历史载体，此次修建尊重现有校园空间环境，保留基地周边的老树，延续华南师范大学的历史记忆。用现代形式为校园空间环境注入新的活力，重塑校园中的宣传共享场地，使原有建筑在发展中获得新的生命。

整体绿化风格，是用边缘规模式绿篱隔离边界，再配置高大遮阴乔木、整型灌木与花叶植物点缀，不同植物的层次性形成丰富的绿茵繁茂、简洁通透的空间，为学生提供一个舒适自然的室外交流环境。

四、严格按照规定施工

东区11栋学生宿舍建设工期为260天，预计于明年9月投入使用，目前进行现场围蔽工作，进入施工准备阶段。为了不影响同学们的休息和生活，会按要求做好防粉尘、防噪音等措施，不在休息时间作业。（另外有些施工因为技术原因需要连续作业，基建处会提前告示通知。）

在施工过程中确保基坑的安全和周边道路及建筑物的稳定，同时尽可能减少对学校师生正常工作学习和日常生活的影响，维护周边环境卫生，切实做好现场文明施工和环境保护。

施工期间做好安全防护、防止基坑坍塌和高空坠物的措施，拟在施工工地增设安全防护棚，按规范要求设置外脚手架安全栏板，制定详尽的保障措施，按设计要求加强基坑稳定性监测，消除事故隐患，确保施工安全。

据了解，学校大力推进新学生宿舍的建设工作，基建处正在规划在东十二、东十三、东十四等地修建新的宿舍楼，充分考虑学生对居住环境的品质需求，提供便利的住宿条件，打造舒适的居住环境，为学生提供家一样的感觉；倡导以人为本、活力交流的共享空间，让宿舍生活给同学们留下美好温馨的青春回忆。

第十章
广东高校服务育人面临的挑战和创新思路

大学生就业工作是高校服务育人的重要工作之一，就业工作的好坏直接影响到一所高校服务育人质量的好坏。大学生是国家和民族的未来，他们能否顺利就业，不仅关系到个人发展与家庭幸福与否，还关乎国家是否和谐稳定与长治久安。因此，大学生就业工作的重要性是不言而喻的。但是，随着国际国内形势的不断发展，我国经济发展已经步入了新常态发展阶段，在增长速度、增长模式、增长动力等方面都呈现出不同于以往的新特征和新趋势，使当前大学生的就业工作面临着严峻的形势，出现了诸多的困难。

第一节　就业创业工作

一、就业工作服务育人面临的挑战

广东省是国内经济发达省份，经济发展速度放缓，进入新常态，对大学生就业的影响立竿见影。从宏观形势来看，在中美贸易摩擦的背景下，近两年来中国经济发展不确定性因素增多，经济下行压力较大，使得大学毕业生就业面临着很多困难，想要找到一份称心如意的工作变得更加不易。这种形势令大学生就业工作面临着巨大压力，就业服务育人遇到了诸多挑战。除此之外，很多高校在近些年的快速发展过程中，一些不合理的办学定位和发展模式也促使就业服务育人面临诸多困难。

（一）经济新常态下大学生就业面临的挑战

随着产业结构转型升级的不断加快和中国从制造大国向制造强国的快速转变，中国经济发展进入新常态，亟需一支高素质的产业工人队伍，培养高素质技术技能型人才成了中国经济社会发展的迫切需求。社会科学文献出版社于2018年发布的《中国人才发展报告》显示，当前我国技术类人才缺口高达上千万人。换言之，大学生就业市场的结构性矛盾日益突出，即类型结构性矛盾、层次结构性矛盾和专业结构性矛盾，成为经济新常态下大学毕业生就业结构性矛盾在供给与需求方面的三个突出表现，也成为影响大学生成功就业的关键因素。具体表现为：技术技能型人才“供不应求”，而普通理论型人才“供过于求”，这是类型结构性矛盾比较突出的表现；相当多的高校不顾经济社会的发展实际需要和自身的办学水平与能力，一味追求办学规模和办学层次，导致培养的毕业生不符合时代发展的需求，成为“过剩产能”或“不合格产能”，这是层次结构性矛盾比较突出的表现；高校人才培养与市场需求错位，具体表现在高校的人才培养的规模、数量、质量都明显落后于市场的需求和发展，导致很多专业的毕业生要么“供过于求”，要么“供不应求”，这是专业结构性矛盾比较突出的表现。由此可知，当前经济新常态下的大学生就业形势很严峻、任务很艰巨，需要引起高校的高度重视，通过多方联动、综合施策，切实加强大学生就业服务育人工作，帮助大学生顺利就业。

（二）第三产业对大学生就业拉动作用明显

经济新常态下，随着经济结构不断调整和产业优化升级的深入，大学生在第一、二、三产业中的就业比重发生了显著的变化，第三产业比重最多，第二产业次之，最后是第一产业。第三产业已经成为吸纳大学生就业的主体，这完全符合第三产业具备较强就业岗位再生产力和劳动力承载能力以及劳动力需求量较大的特点，这也是中国大力发展第三产业和优化产业结构的结果，更是产业结构调整的重要体现。这种现象在广东省更为明显，随着粤港澳大湾区建设的不断推进，第三产业在广东经济中的比重还会不断提升，大学生在第三产业就业的比重也会进一步增加。然而，目前广东高校的很多毕业生就业首选并不是第三产业，如何合理引导，是高校就业服务育人工作面临的不小挑战。

（三）经济结构调整将会加大大学生的就业压力

一方面，经济新常态下，在化解过剩产能和淘汰落后产能的过程中，会造成一部分职工结构性失业，导致大量人员涌入劳动力市场；另一方面，经济下行压力加大，也会造成部分企业生产经营困难，导致企业用工不足，就业岗位减少。再加上高校扩招导致大学毕业生逐年增加，近年来在广东省就业的大学毕业生人数，增速远高于经济增长的速度，就业竞争异常激烈。综合来看，当前劳动力市场的现状是，从事新兴制造业的高级技术工人和传统体力劳动的普通农民工供给短缺，而缺乏一技之长的普通大学毕业生劳动力供给过剩。未来几年，这种形势可能还将维持很长一段时间，大学生就业压力持续加大的情况，在短期内很难发生根本性的改变。

（四）促进大学生就业的体制机制尚不健全

经济新常态下，大学生就业市场竞争越来越激烈，就业形势越来越严峻，大学生就业越来越困难。然而，我国现行的促进大学生就业的体制机制还不够健全和完善，缺乏促进大学生公平就业的制度，在大学生失业救助、大学生失业保险、大学生医疗保险等方面的社会保障制度也比较缺乏，抗风险能力较差。这些体制机制与制度的缺失，使得现行的大学生就业体制机制在消除大学生就业制度障碍和就业歧视方面，在保民生、兜底线方面，均未起到很有效的作用，更没有起到有效发挥促进大学生就业的作用，亟待进一步健全和完善。

二、大数据时代大学生就业面临的挑战

（一）技术上的挑战

1．数据来源与整理

传统的高校毕业生就业分析是对就业层次、就业区域、就业率等方面

信息的分析，对于预测就业形势以及指导学生个体就业的作用有限。而就业数据的来源是大数据分析的前提，收集学生就业信息，构建就业分析模型是大数据应用的一个重要环节。但是，这些工作要做到高效率也绝非易事。

2. 数据抽取与存储

大学生就业数据的来源、类型和质量多样，结构化、半结构化、非结构化等类型数据给数据的抽取带来了很大挑战。同时，大数据时代面对来源多样、结构不同的数据，延迟问题、容量问题、数据库问题也随之产生，目前的存储架构很难满足大数据应用的需求。

3. 数据挖掘与分析

半结构化、非结构化数据的迅速增长，令传统数据挖掘分析技术受到了巨大的冲击与挑战。一方面，就业大数据的应用要实现数据的实时分析；另一方面，目前仍然缺乏对半结构化和非结构化就业数据的处理方法与经验。高校就业服务育人工作必须紧追最新大数据研究动态，还要加强高校之间的协同合作，不断摸索适合就业工作实际的最新的数据分析方法。

4. 策略的总结与提出

根据大学生就业数据的分析结果，如何将数据结果与就业工作实际相匹配，总结当前的就业形势，预测毕业生的就业趋势，提出及时准确的就业策略，需要高校就业服务育人工作不断进行探索。

5. 数据安全与隐私

大数据分析的数据基础，建立在海量毕业生个人信息的基础之上，深入分析很容易发现大量数据间的关联，甚至可能会揭示很多个人隐私，必须予以高度重视。但是，如果为了保护信息安全和隐私就将部分数据加以隐藏，又可能导致部分数据的价值无法得到体现。这种矛盾需要通过相关制度和技术的不断完善去逐步稳妥地解决。

（二）实施过程中的挑战

1. 就业数据信息应用意识缺乏

在越来越严峻的大学生就业形势下，高校往往喜欢把时间和精力放到就业市场拓展和毕业生就业创业指导等工作上，很少有就业数据信息的深度分析与应用，很多高校尚未意识到这些数据蕴含的丰富价值。

2. 信息孤岛普遍存在

广东省是一个经济大省，用人单位数量非常庞大，人才需求区域性不平衡也很明显，就业信息载体繁多，体系也极为复杂。各类数据资源分散在不同的数据池中，包括用人单位网站招聘信息、各地市人才市场招聘信息、求职中介信息、综合性招聘网站信息以及学校就业信息网站等，然而如此多的数据池彼此之间的联系却并不紧密。

3. 标准化难以实施

如果要建立一个协同一体化的综合就业信息平台，关键在于整合所有数据集，降低数据共享的技术门槛。然而，目前就业数据难以实现及时集成，最大难点在于缺乏标准和不遵循标准。

4. 人才缺乏

毕业生就业大数据的有效应用，必须建立在就业信息高度信息化的基础之上。然而，就业信息化水平在省内还不够高，这并不是因为广东的信息化技术不够，很大程度上是因为就业信息应用观念的缺失以及相关就业服务机构缺少大数据技术人才。人才是核心竞争力，缺乏懂得大学生就业服务工作的信息化人才，是大数据服务就业急需解决的问题。

5. 缺乏相关法规

大数据时代为大学生就业工作带来了许多意想不到的惊喜和便利，同时也带来了不少严重的问题。不法企业私自获取各高校毕业生数据以换取暴利的事件屡有发生，值得引起高度警惕。为避免此类事件发生，建立大数据的应用管理规范和相关法律法规刻不容缓。

（三）高校及毕业生自身的问题造成的不利影响

1. 高校持续多年的扩招造成高校毕业生大量过剩

从供给方面看，扩招是毕业生就业难的直接原因。大规模扩招增加了毕业生就业的难度，令有限的岗位竞争激烈。与此同时，不得不承认扩招也导致了人才培养质量出现一定程度的下降，扩招内部结构不合理也导致了相当程度的结构性失业。

2. 部分学校对发展缺乏清晰定位

在广东省，除了少数几所重点高校，尚有不少院校也纷纷将目标瞄准研究型大学，希望学生沿着学士—硕士—博士的轨迹一路走上去，忽略了相当一部分学生属于应用型人才，并不属于研究型人才，导致学校的学科、专业和课程体系没有跟上应用型人才培养的转型，基础理论课程比例过高，学生实践动手能力不足。这些都为就业工作增加了难度，使相当一部分学生定位不清，单靠就业指导工作来降低学生职业期望值，显然不现实，实际效果也不理想。

3. 高校就业指导工作尚需提高

部分就业指导工作人员对就业指导工作的理解，仍然停留在分析就业形势、收集需求信息、讲解就业政策、传授择业技巧等方面。事实上，就业指导更重要的是对大学生的就业观、择业观、成才观、就业心理等方面的教育和引导。还包括对学生潜能的开发、个体的塑造、创业创新能力的引导和培养，以及对学生进行针对性的职业生涯设计等。如果就业指导不能适应形势的发展，不能对学生提供更有针对性的服务，必然影响毕业生顺利就业。

4. 大学生自身存在的问题所带来的就业难

①相当一部分毕业生自身综合素质不高，难以符合用人单位的要求。一些大学生在校学习只满足所学课程，知识积累不够广博，解决实际问题的能力也不够，有相当一部分大学生语言表达能力也不足，在应聘场合容易紧张怯场，无法充分展示自己，极易错过获得较好工作的机会。②部分学生自身定位不够准确。没人不想找到收入高和待遇好的工作单位，但是广东省不同地区之间，由于经济发展的不平衡，存在较大的差异，大学毕业生选择就业区域时，过度集中于经济发达、工资水平较高的珠江三角洲地区，造成该部分地区的就业压力显著增加，而粤西、粤东、粤北等地区却求贤若渴。同时，部分大学生“高不成，低不就”的就业心理，也会影响其顺利择业与就业。

三、就业工作服务育人的体制机制创新

如何应对就业工作服务育人面临的挑战？如何解决大学生就业面临的难题？这是摆在我们面前的一个重大课题。想要切实有效地解决这一难题，

必须充分调动诸如政府、社会、学校、家庭和毕业生等多方面的力量，综合施策，多方联动，方能取得良好的成效。因此，在新形势下促进大学毕业生更好、更高质量地就业，需要下足功夫做好以下三个方面的工作。

（一）深化高等教育供给侧结构性改革，破解大学生就业市场结构性矛盾

上文讲过，目前劳动力市场对大学毕业生应具备的综合素质与就业能力提出了更高更新的要求。紧跟市场和社会发展需求，不断推进高等教育供给侧改革，才是破解当前大学毕业生就业市场结构性矛盾的关键所在。首先，要从引领高等教育发展入手。一方面，优化高等教育结构，积极发挥政府政策引导作用和市场调节作用，引导高校科学合理地进行自身定位，区分不同办学层次，凝练办学特色，避免高校办学同质化趋势；另一方面，加快建设现代职业教育体系，积极推进产教融合和校企合作，优化学科布局和人才培养机制。其次，从技术型创新人才供给方面入手。一方面，加强创新创业教育，培养大学生的创新意识，切实增强大学毕业生的就业综合竞争力，从而在根本上提高人才培养质量；另一方面，创新人才培养模式，某些专业必须采取“产教融合、校企合作、协同育人”的模式，确保培养高素质的能快速适应经济社会发展需求的技术型创新人才。

（二）密切关注经济社会发展和人才市场需求，尽力使高校人才培养能够匹配社会需求

高校专业设置与人才培养，要密切关注经济社会发展，科学合理规划，并适时调整，努力使高校的人才培养与市场需求相匹配。首先，加强人才需求的统计与调研工作，合理测算劳动力市场对大学毕业生的需求数量，以确定高校人才培养结构和专业设置。其次，密切关注市场需求的发展步伐，加大高校人才培养体制机制改革，及时调整专业设置，大力优化教学内容，注重培养大学生的职业素养。最后，还要高度重视大学毕业生的就业质量，这关系到一所高校的办学质量和学生及其家庭的幸福所在。只有学生的培养质量上去了，才可能切实增强大学毕业生的就业竞争综合实力。而且，只有高度重视了大学生的就业质量，想方设法帮助大学毕业生更好和更高质量地就业，才能最大限度地降低因为大学生就业满意度低和就业稳定性差而导致的社会风险，真正地确保社会和谐稳定与长治久安。

（三）建立健全大学毕业生就业服务育人体制机制，促进学生高质量就业

要建立健全大学毕业生就业服务育人体制机制，需要完善三项机制、健全两项制度、构建两个体系。

1. 完善三项机制

一是要建立促进大学生就业多方联动机制。首先，要主动适应新的经济社会形势，统筹多方资源和力量，制定实施更加积极的、有利于大学毕业生就业的政策，同时还要积极协调利用现有的财政、税收和金融等方面的政策，并且不断补充完善和促进大学毕业生就业的政策体系建设。其次，要切实提高大学毕业生就业政策的针对性。制定和施行就业政策一定要符合实际，要接地气，要能够有效地解决大学生就业过程中面临的实际问题和困难，并且还要与社会劳动保障等相关政策实现有效衔接，真正帮助大学毕业生破解就业难题。最后，要坚持大学生就业优先战略。制定经济发展目标时，要坚持把实现和扩大毕业生就业摆在优先位置，优先选择那些有利于实现和扩大毕业生就业的经济发展战略，花大力气发展就业容量大的行业和新产业，实现经济社会快速发展与扩大大学毕业生顺利就业的良性互动。

二是创新大学毕业生劳动关系协调机制。建立“协商共赢”的大学毕业生劳动关系协调机制，畅通大学毕业生表达合理、合法诉求的渠道，切实维护和保障大学生就业的合法权益。一方面，要全面贯彻落实《劳动合同法》，切实实行劳动合同制，真正通过《劳动合同法》来规范用人单位和大学毕业生的权利和义务，才能真正确保双方的合法利益。另一方面，还需要建立劳动关系三方协调机制，多方参与、民主协商，以求妥善有效地解决有关毕业生与用人单位劳动关系方面的重大问题。

三是建立政府激励大学毕业生创业，社会支持大学毕业生创业，大学毕业生勇于创新创业的新机制。一方面，要尽快完善大学毕业生创新创业扶持政策，大力实施大学毕业生创新创业引领计划，积极鼓励大学毕业生以创业来拉动就业。政府部门要出台政策帮助大学毕业生拓宽创业投融资渠道，鼓励金融机构为大学毕业生创业提供低息、无息贷款等优惠政策资金，也要尽可能减轻大学毕业生创业的税费负担。另一方面，要积极改善大学毕业生的创业环境，形成良好的创业氛围。要积极鼓励大学毕业生创业，宽容看待创业失败，努力培育创新创业文化，帮助大学毕业生树立正确的价值观和创业观，引导大学毕业生投身创新创业实践活动。

2. 健全两项制度

一是强化政府在促进大学毕业生就业方面的主体责任制度。一方面，要强化大学毕业生就业规划的制定与实施。政府要适时科学合理地编制大学毕业生就业规划，为高校人才培养和专业设置及时提供科学依据和指导，并依据劳动力市场和用人单位的需求，适时提出促进高校毕业生就业的对策与措施，最大限度地帮助毕业生成功就业。同时还要加强对现行大学毕业生就业规划的实施与考核，合理地制定考核评估指标体系，多种手段相结合，切实推动大学毕业生就业工作的可持续和健康发展。另一方面，要强化大学毕业生就业教育和宣传。加大宣传教育的力度，充分利用报纸、广播、电视、互联网、新媒体等多种载体，多角度、全方位地宣传大学毕业生就业政策。同时，还可以通过宣传先进典型，帮助大学毕业生树立科学的就业观，积极引导大学生到国家最需要的地方去，主动服务于国家的发展战略。

二是建立公开公平公正的用人制度。目前，影响大学毕业生就业的不公平、不合理因素和部分显性或隐性歧视现象仍然存在。为改变这种不合理的现象，不仅要统筹大学毕业生人力资源市场，消除身份、性别、年龄等歧视，维护大学毕业生平等就业权利，更要广泛动员社会多方力量，多渠道、全方位地为大学毕业生畅通就业渠道，帮助他们成功地实现高质量就业。

3. 构建两个体系

一是构建大学毕业生就业创业服务体系。一方面，建立政府主导、社会、学校、家庭和大学生集体参与的“五位一体”的大学毕业生就业指导帮扶体系；另一方面，建立科学合理的大学毕业生就业指导帮扶考核评价目标指导体系，通过目标管理、责任考核的手段，加强对各责任主体的监督考核，确保帮扶政策能落到实处，成效明显。另外，还要不断丰富和创新大学毕业生就业指导帮扶的内容和形式。内容上，要注重内涵，注重创新和针对性，尽力帮助大学生提升就业综合能力。形式上，要新颖多样，充分利用“互联网+”、微信等新媒体平台为大学毕业生就业提供更加方便、快捷、优质的服务。

二是构建全方位的大学生就业社会保障体系。社会竞争日趋激烈，大学生就业环境也日益复杂，大学毕业生面临的就业风险也越来越大。因此，要实现毕业生更好、更高质量就业，必须建立健全大学毕业生就业社会保障体系。一方面，要建立大学毕业生失业救助、失业保险、医疗保险等社会保障制度，帮助大学毕业生解决现实困难；另一方面，还要实施“特困家庭大学生就业创业帮扶”工程，对这一部分大学毕业生进行重点的精准帮扶。

四、就业工作服务育人的平台、资源、方法创新

高校应认清当前形势，抓住机遇，确定目标，打造优质服务育人平台，整合多方资源，大力创新就业工作服务育人方法，密切关注学生的成长成才，切实有效地提高毕业生质量。

（一）高校就业工作服务育人信息化平台建设

高校就业工作服务育人是个系统工程，需要多方参与，齐心协力才能收到良好效果。这就涉及优质的平台建设，如何在平台上整合资源，提高效率，优化服务，是个重要问题。其中，信息化平台建设是大势所趋，也是做好就业工作服务育人的关键所在。

1. 信息化平台建设存在的问题

互联网在高校毕业生就业工作服务育人中发挥着重要的作用，功能完善的就业信息平台，会成为向用人单位和大学毕业生提供就业服务的主要信息渠道。加强就业工作信息化建设已经成为高校就业工作改革的趋势。目前，虽然许多高校有类似的平台，但仍存在不少问题，如建设目标不明确，缺乏统一规划，管理服务功能建设不完善，信息管理水平不高，用户间互动性不强，缺乏即时协作，等等。打造高质量、优质的就业工作服务育人信息化平台，尚有许多工作要做。

2. 优质信息化平台建设的主要内容

一是建设定位和目标。高校就业工作最根本的目标是促进毕业生顺利

就业，职能上体现为对毕业生就业的管理、服务、指导和研究，以更好体现就业工作服务育人的宗旨。因此，就业信息化平台建设应着眼于充分发挥所有就业服务育人相关部门的工作职能，提升各部门整体管理服务水平。就业信息化平台应该既是高校毕业生就业工作的重要手段和保障，也是社会多方了解学校的重要窗口和途径。平台定位应为“门户网站”，能够为用户提供大量真实可靠的信息，必须以实用、高效的网络办公系统来规范就业部门的业务管理，提升管理水平。具体来讲，平台建设目标可包括：提高就业管理服务工作效率，促进高校内部各单位间信息共享，规范各项服务育人流程，增加工作的透明度；改善客户体验，体现出“以人为本”的服务理念；优化资源配置和管理流程，实现网络信息服务与就业管理服务的有机结合，推进高校的管理创新；通过数据挖掘技术使用，充分利用统计工具对毕业生就业的历史和实时数据进行分析，分析结果能够为用户决策提供有力的支持。

二是统一规划，明确平台的边界和接口。就业信息平台应该成为信息化校园应用系统的有机组成部分。其建设规划设计必须充分考虑就业信息化平台与数字化校园的定位、边界与接口。还要注意充分利用校内原有的各类资源，有效地利用共享数据集成、信息门户集成和统一认证集成，整体实现与数字化校园平台的融合。大学毕业生既是平台的用户，也是平台的资源。建好校内共享数据集成，由权威的管理部门维护就业信息平台的学生信息，既可保证平台上学生信息的真实可靠性，又可大大降低就业部门的工作强度。通过统一认证集成，校内管理员和学生可使用学校统一身份认证系统快捷登录就业信息平台，不必另外注册。单位用户信息源自校外，就业信息化平台服务器只需建设本地身份认证模式功能即可。

三是功能建设应实现与部门业务的有效结合。①优化业务流程，以信息化建设来促进平台上部门业务流程再造。信息化建设成败与否，关键在于能否实现信息技术与业务流程的高度融合。因此，就业信息化平台建设应首先围绕就业服务部门的工作目标和业务流程开展分析，对毕业生就业工作涉及的职能、资源、信息和流程进行分析，完成对信息流、业务流、数据流的抽象和整理。在分析过程中既要充分考虑管理思想、管理方法和管理组织变革，又要充分考虑信息技术的潜能，力争达到信息化平台开发效果的最大合理性。有了业务流程的改善，确定平台的功能建设目标，采用过程分析来构建平台模型，然后在整合流程的基础上进行平台设计，才能充分保证平台建设的功能完善，符合实际工作的详细需求。②以用户为中心，提高工作的透明度，改善用户体验。毕业生和用人单位既是就业信息平台的用户，又是就业信息化平台的资源，具有双重身份。管理员必须对二者所产生的数据进行耐心细致的详细分析，才能得出具有建设性和战略性意义的信息。就业信息化平台为用户创造价值，体现在可大大降低用户在接受服务时所付出的成本（时间和精力等）。如就业推荐表办理、毕业生去向登记和报到证管理等业务，均可通过将业务办理进度状态实时向涉及用户开放，增加透明度。涉及的用户都可及时确定自己的工作安排，不同层级管理员对工作进展也能做到实时掌握和实时监控，有效督促相关人员及时完成本职工作。

四是建立完善的系统安全技术保障措施。就业信息化平台使用用户众多，动辄几万甚至几十万人，要保证各类信息不被非法披露和利用，必须建立完善的安全技术保障措施。要采用多层防火墙，防止外界对服务器的攻击；系统的关键应用服务器和数据库服务器要采用 Unix 或 Linux 操作系统，可降低受攻击和感染病毒的风险；其他的应用服务器和数据库服务器要采取系统级备份和应用级备份的措施，确保系统出现软、硬件故障后能够及时进行恢复；对于多服务器运行模式，可以采用 IBM 公司的 WAS 集群技术，采取多个服务器水平克隆模式，保证单个服务器若出现问题，不会影响其他服务器的正常运行。对于关键信息，如数据下载、统计报表等，禁止从公共网络进行访问，用户如需从网络访问，只可通过虚拟专用网络实现对关键信息的访问。

（二）优化升级大学生就业指导服务工作

对于高校而言，首先要科学调研，合理规划专业设置，增强校内专业与社会需求的契合度。专业设置要更加符合社会需求，有利于提升毕业生的就业成功率。此外，科学合理地设计专业课程也至关重要，有利于学生学到扎实有用的知识，有利于成功就业，譬如对于应用类的专业，需要多增加实践内容，培养学生的动手和创新意识。同时，要尽可能多地提供实习实训机会，增强毕业生的社会适应能力。高校要充分利用校友资源和科研合作等机会，为毕业生谋求更多的实习机会。拥有一定实习锻炼经历的学生，能够实实在在地提高实践能力，更容易受到用人单位青睐。另外，还要增加创业和求职指导，增强学生的创业和就业能力。目前，广东省内已经有许多高校开设了创业孵化中心以及科技产业园等创业服务平台，为广大毕业生提供创业培训，搭建创业实践平台，不同程度地提升了毕业生的创业热情和创业的成功率。此外，学校要专门开设多种创业和就业指导课程，为毕业生创业提供理论指导。

对于学生而言，首先，要调整个人预期，适当确定择业标准。在当前的就业形势下，有的学生就业竞争力很强，拥有多份 offer 难以取舍，也有的学生迟迟无法顺利就业，一份工作都难以找到。因此，毕业生要根据个人实际情况，合理调整自己的预期，确定一个适当的择业标准，避免由于自己的误判而导致就业不顺。其次，要提高综合素质，锻炼社会能力。成功迈入大学只能证明学生拥有获得成功的潜质，并不意味着将来一定会顺利就业。相反，大学生应该在注重专业理论学习的同时，主动寻找机会加强实践能力的锻炼，比如语言表达、沟通协调等方面的能力，应该在不影响学业的情况下，尽可能多地参加社会实践活动，增强个人综合素质，提高个人就业核心竞争力。最后，要制定职业生涯规划，合理安排个人时间。职业生涯规划并不是在临近毕业的时候才制定，刚入学就应学会科学合理制定职业规划，整个大学期间都应该按照规划，结合自己所学的专业，合理安排学习时间，参加相关实践活动，考取各类证书，做好未来的职业生涯规划，以便使将来的求职之路一切顺利。

对于就业指导教师而言，要努力从以下三个方面给学生提供指导和帮助。第一，要加强与学生的沟通交流，及时了解学生的所思所想，加强对学生的思想教育。就业指导教师包括学生的辅导员、学院领导、班主任老师以及学校学生就业指导中心的老师，他们应该是学校里最亲近学生的人，也是最受学生尊敬的人。指导教师应该密切联系学生，就业指导是否耐心细致对学生能否顺利就业非常重要。第二，要加强就业指导理论知识及辅导技巧的学习，给学生提供更多择业和职业生涯发展规划的建议，拓宽学生就业思路，明确生涯发展方向。就业指导教师只有不断加强学习，更多更好地掌握就业指导知识，不断提升就业指导能力，更全面地掌握用人单位的信息，才能向学生提供切实有效的建议。第三，加强与用人单位的联系，积极拓展就业市场，为毕业生搜集各类最新最全的就业信息，使学生拥有尽量多的就业选择。拓展就业市场，积极与用人单位联系，不仅可以及时获取就业信息，还可以及时了解用人单位的需求和对学校人才培养的意见反馈，有利于学校有针对性地在专业设置和人才培养方面进行改革和调整。

第二节　教学管理工作面临的挑战和创新思路

一、本科教学管理工作方面服务育人面临的挑战

新时代背景下，教学管理部门在服务育人方面面临着以下诸多挑战。

（一）国际化培养的需求越来越高

一方面，越来越多的学生希望能在本科阶段获得较为优质的国际交流机会，包括短期出国交流机会和长期的国际互换学习机会。如何更好地满足本科生的这一需求，成为教学管理部门需要考虑与规划的内容。另一方面，随着国际化培养的进一步推进，对高校教学类证明材料的需求也在不断同步增加，如出国、出境学习所需的各类中英文成绩单、推荐信函、绩点排名证明、课程简介等，都对教务管理人员和现行教务系统提出了更多的要求。

（二）学分制管理带来的挑战

随着学分制的逐步推进，将给高校服务育人带来教学资源和管理上较大的调整。例如，课程数量是否满足学分制的要求，师资是否匹配开课数量？可供上课的教室数量是否充足？不同年级学生选修课程的管理如何有序化、制度化？

（三）教学质量保障方面的挑战

教学工作是学校服务育人的中心工作，要不断提高学校的教学质量，

才能培养出合格的适应新时期发展要求的人才。课堂教学是高等学校教学中最基础、最核心的教学环节，是学校教育最直接、最主要的教育形式，教学质量的高低和效果好坏，直接影响学校人才培养的质量高低。随着高等教育大众化的普及，课堂教学的重要性显得愈加重要，如何对教学质量进行合理的评估，如何有效提高教学质量，已经成为高等教育教学改革的紧迫任务。

（四）学生个性化发展需求带来的挑战

高校教学管理部门在很长一段时间内，按照统一标准和规范为学生提供服务，忽视了学生个性特点和个人发展需求。在“以生为本”理念日益深入人心的今天，如何在服务工作中做到以学生为工作主题和服务对象，充分考虑和尊重学生个性化的合理需求，真正帮助学生解决学习生活中遇到的实际问题，成为教学管理部门面临的重要挑战。

二、本科教学管理工作方面服务育人的体制机制创新

以学生为中心，构建尊重个性的多元人才培养模式。随着社会不断发展，国家、社会与企业对人才的培养要求越来越多元化，学生对自身发展也提出了各种个性化需求，分类培养应时而生。目前，人才培养模式主要向三种导向多元模式发展：以学术创新为导向的拔尖人才培养模式，以行业标准为导向的卓越人才培养模式，以社会需求为导向的应用人才培养模式。与此相配套的是各种新工科、新医科、新农科、新文科、新师范人才培养体制的提出和完善，学校则通过专业二次选择、辅修、第二学位等方式，为学生提供更多个性化培养通道，不断满足学生多元选择、多向发展的需求。

协同创新，构建并推进院校协同、院所协同、校校协同、校企多主体协同育人机制。高校是人才培养的主体，但企业、家庭、社会、政府等各种主体在人才培养过程中各有其不可替代的优势作用，且越来越得到重视。为了充分发挥各种社会主体在人才培养过程中的作用，形成合力，各高校纷纷挖掘和整合各种产教融合实践平台资源。例如，院校协同方面，华南师范大学推行“新兴光电子技术及其交叉科学领域优秀本科生培养计划”，

正式启动学院与研究院（所）联合培养优秀本科生模式。首批31名本科生入选“优培计划”，分别进入华南先进光电子研究院和生物光子研究院，与学生所在学院联合培养。

在校校协同方面，大学城校区10所高校则在广东省教育厅的指导下，开展各种形式的协同创新、教学资源共享活动，每年大学城10所高校均会推出10多门共享课程供大学城内高校学生跨校选读，各高校承认学生修读的十校互选课程；中山大学、华南师范大学、广东外语外贸大学、广州美术学院、广州大学等高校开设跨校辅修专业，面向大学城内高校学生招生；同时，广州大学城高校联盟课程资源共享办公室组织大学城10所高校学生修读上海交通大学的“好大学在线”慕课课程，为学生提供多元化的课程修读模式。

在校企协同育人方面，华南理工大学推出了“名企实习计划”之毕业实习示范项目。通过与世界或中国500强企业或行业龙头企业（至少是上市公司）建立稳定的实习教学合作关系，建设优质实习基地，承担学校学生毕业实习等教学任务，推动学校学生成建制走进名企开展毕业实习，提高学生的社会适应性，提升学校学生的创新精神、实践能力、社会责任感和就业能力。在项目建设过程中，主管实习工作的教学管理部门与学院教学领导小组一起，统筹协调实习工作，根据实际情况建立有关校外实践教育的教学运行、学生管理、安全保障、经费管理等规章制度，切实加强实习过程管理，加强对学生安全、保密、知识产权保护等方面的教育，为学生提供充分的安全保护设备，保护学生身心健康与安全。

其他特色协同培养机制。为引领全省教师教育职前培养，华南师范大学积极整合校内外教师教育资源，探索卓越教师培养的协同机制：一是学校牵头组建了“华南师范大学卓越教师培养协同育人中心”，被广东省批准为首批协同育人平台；二是牵头成立了“广东省本科高校教师教育联盟”“广东省教师教育联盟”，作为理事长单位汇集全省教师教育职前培养的先进经验与成果，引入校外知名学者，指导学校卓越教师培养；三是设立“华南师大——普通中小学协同发展联盟”，与全省160多所知名中小学（以国家级示范性高中为主体，涵盖珠江三角洲及粤东、粤西、粤北著名学校）合作，每年组织多学科参与的课堂教学改革研讨活动，并创立学校、学院、联盟中学的三级讲堂制度，为学校师范生培养建设更多优质资源，同时指导中小学教育改革。

三、本科教学管理工作方面服务育人的平台、资源、方法创新

通过开展第三方教育教学评价工作和大数据调查，提高服务效度。为客观体现学校人才培养质量，深入了解学生和企业对高校人才培养的需求，各高校开展学生评教、同行评价、教学督导、教学信息员等教学评价制度；实施第三方学情调查和满意度调查，通过委托第三方机构（如麦可思数据有限公司等）进行短、中、长期本科毕业生社会需求与培养质量跟踪和用人单位跟踪，组织本科毕业生参与全国高等教育满意度，组织在校学生参与国家大学生学习情况调查（NCSS）等途径，从第三方的角度深入了解学生学习投入与学习体验。利用跟踪调查获取的大数据，深入了解学生学习需求和满意度，重视学校教学管理工作的短板和薄弱环节建设，反思学校人才培养定位和人才培养制度，使高校人才培养改革工作有据可依，教学管理服务工作有的放矢，不断提高教学管理部门的服务效度。

推进学校课室文化建设和智慧课室建设。智能升降讲台、互动教学触摸大屏、智能远程视频会议系统、移动充电导轨、可随意拼接移动桌椅……华南师范大学石牌校区建成的砺儒·新师范创新学习空间，10 间新改造的智慧课室、2 间教师休息室和 1 个公共学习空间，以及各种人性化的智能教学设备在 2018 年底公开亮相。该创新学习空间被称为“省内高校首个具有示范性意义的智慧课室群”，占地面积约 2 000 平方米，建设投入约 750 万元，可同时满足 500 名师生开展教学、研讨或录制精品课程等活动。该创新学习空间实现了多地实时共享、互动上课内容的教学模式改革，同时活用“消极”空间，通过在楼梯大平台等闲置地方配备柔和的灯光装置、舒适的家具，将其拓展为学生心目中舒服的公共学习空间。

华南理工大学则以博学楼为试点，进行教学楼改造工程，静心设计、逐步推进学校课室文化建设。改造工程以尊重师生体验为目标精心设计，利用电子显示屏、墙壁宣传栏等方式宣传社会主义核心价值观，努力为师

生营造“乐学、勤学、善学”的课室文化，打造出朝气蓬勃、务实创新的学习环境与空间。

变革课程修读模式，通过信息技术与教学内容的深度融合，拓展教学资源。在课程资源改革创新的过程中，“线上线下互动式课程”和“虚拟仿真实验实训课程”正在发展成为新的教育生产力。目前，在线开放课程在我国已经发展到一定程度，并在发展的过程中逐渐与线下传统课程互相借鉴融合。比如，翻转课堂就是线上线下互动式课程的一种有效尝试，它颠覆了传统课堂教学中“教师讲、学生听”的模式，高校教学管理部门可以打破资源限制，根据本校人才培养需要和学生特点，选取各种线上“金课”进行本地化改造，课程以学生自主线上学习为主，教师更多的是充当一个指导和组织的角色，通过组织线下讨论课堂等多种应用模式，为学生提供更多优质教学资源。如果说线上课程体现的是“互联网＋教育”的红利效应，是教育的现在式，那么虚拟仿真实验实训课程就是“智能＋教育”，有可能开启教育的未来发展改革。它通过信息技术、智能技术与实验教学的深度融合解决了高校实验实训中“不能做到”的难题，如医科学生的虚拟“手术”，石油专业的“油田井喷”等现实中不可能让学生真实体验操作的情形，都可以在虚拟仿真课程中随意操作，为学生提供真实感非常强的实验实训体验和学习。

搭建全球学习平台，积极挖掘国际化资源，推动本科生国际化培养进程。例如，华南师范大学在学校层面将“国际化”提升为学校重要发展战略。教学管理部门从本身工作实践出发，于 2016 年出台和实施《华南师范大学优秀本科生出国学习交流奖助学金实施办法（试行）》（教学〔2016〕48 号），设立国家公派留学、学校公派留学、课程交换、短期交流等四类出国学习奖助项目，分三层次加大国际交流奖助，2017 年出台《华南师范大学加快推进本科生国际交流学习的若干意见》（华师〔2017〕48 号），构建“双库、两渠道、多选择”的本科出国学习管理机制，进一步畅通本科生国际交流的“两渠道”，实现本科生在出国途径、项目类别、出国时间上的“多选择”。未来，学校还将通过推进国际联合学院建设、推进各类拔尖学生资助和奖励计划、实施本科生国际化视野提升激励计划和师范生海外研修计划、积极开展与国（境）外名校联合培养本科生、重点推进“一带一路”东南亚教育行动计划、加大海外实习基地建设等多途径的措施，大力推进本科教育国际化发展，为学生的国际化发展需求提供更多高质量资源和平台。

第三节　高校图书馆

一、高校图书馆服务育人面临的挑战

（一）图书馆资源服务与新时期高校人才培养脱节

全球化的发展，加快了东西方文化、流行文化与传统文化等各种文化的交流和融合，复杂多变的多元文化内容以各种形式渗透到高校校园中，改变了大学生所处的文化环境。各种文化思潮进入校园，开始影响着大学生的生活和学习，对大学生判断和接受文化能力的要求提出了更高的标准，也给大学生如何树立正确职业价值观、道德价值观和消费价值观造成很大的困扰。①

随着移动设备的不断普及和更新，高校图书馆的传统信息资源地位受到了巨大挑战。伴随信息技术的发展，只要拥有一台手机，无须任何技术门槛就能方便地从互联网上获得海量信息。各种新媒体应用如抖音、今日头条等，内容丰富多彩、更新速度快，这类碎片化的阅读深深吸引着大学生的注意力，甚至有些大学生沉迷其中不能自拔。2017 年中国新闻出版研究院发布的第十四次全国国民阅读调查报告显示，2016 年我国成年国民数字化阅读接触率（如网络在线阅读、手机阅读、电子阅读器阅读、光盘阅读、Pad 阅读等）达到 68.2%，较 2015 年的 64.0% 上升了 4.2%，成年国民数字化阅读方式的接触率连续 8 年上升，大学生的阅读习惯也发生了巨大的改变。

长期以来高校对图书馆的重视度偏低，经费投入少，导致图书馆的软、

① 任卓临．流行文化对大学生价值观的冲击及对策研究［D］．太原：山西师范大学，2016．

硬件建设缓慢，资源采购量与学生数量的增速不匹配，馆舍长期无法扩充，限制了图书馆为读者提供的服务项目和质量。广东省虽然是全国经济发展的领头羊，但在高校图书馆的建设投入当中并未能与其经济发展相匹配，全国高校图书馆馆舍面积排行中，广东地区只有中山大学图书馆等9个馆进入100名以内。

目前，大多高校仍以图书的藏阅服务为主，采用传统式流通书籍借还服务，服务类型单一。部分高校图书馆甚至还无法覆盖无线网络，严重制约读者对于数字资源的利用。此外，图书馆资源采购受限较多，渠道单一，经费下达迟缓，即使图书馆收集读者的反馈，但因采购机制不完善等原因仍然无法及时满足读者的需求，以至于图书馆采购的文献信息资源严重滞后与偏离。

图书馆作为高校传统文化的传播体，其服务形式已经不能更好地适应新时代服务对象的需求，对师生的吸引力也相对越来越弱，进馆人数和图书借阅量普遍呈下降趋势。

表10－1　广东部分高校图书馆近年图书外借量

机构名称	2015年/册	2016年/册	2017年/册
中山大学图书馆	758 853	644 160	660 086
华南师范大学图书馆	438 969	342 613	380 762
华南理工大学图书馆	419 731	394 973	395 261
华南农业大学图书馆	344 276	291 897	238 779
广州大学图书馆	403 984	314 550	267 877
暨南大学图书馆	424 244	280 371	300 000
深圳大学图书馆	264 267	241 417	250 064
广东外语外贸大学图书馆	298 253	284 116	245 627

表 10 - 1 为广东 8 所高校图书馆 2015—2017 年 3 年的图书年度外借量①，表中所在高校图书馆的外借量，2015 年之后都有不同程度的下降。大学生对于图书馆的文献资源使用情况不容乐观，以华南师范大学为例，39. 3% 的本科生在 2015—2016 学年度没有借过书，其中体育科学学院将近八成的本科生没有借过书，音乐学院将近七成的本科生没有借过书。

（二）馆员服务能力不足

高校图书馆由于历史的原因，人员配备不足，素质良莠不齐，人才流失严重，是普遍存在的问题，严重制约图书馆服务工作的拓展。

表 10 - 2　广东部分高校图书馆在编人员数量

机构名称	2015 年/人	2016 年/人	2017 年/人
中山大学图书馆	267	257	243
华南师范大学图书馆	86	86	85
华南理工大学图书馆	126	123	123
华南农业大学图书馆	88	86	87
广州大学图书馆	87	87	85
暨南大学图书馆	99	100	98
深圳大学图书馆	133	132	130
广东外语外贸大学图书馆	85	85	86

表 10 - 2 所列的高校图书馆中，除广东外语外贸大学图书馆 2017 年的在编人员相比 2015 年增加了 1 人，其他高校图书馆的在编人员数量均有下降，中山大学图书馆甚至减少了 24 人。此外，近年来随着编制的紧缩，各高校图书馆的在编人员只减不增，补充的人员大多以临聘人员为主（见表 10 - 3）。

① 数据来源：教育部高校图书馆事实数据库。

表 10－3　广东部分高校图书馆 2016 年馆员组成

机构名称	在编人员/人	临聘人员/人	临聘人员占比
华南师范大学图书馆	86	48	36%
广州大学图书馆	87	5	5%
暨南大学图书馆	100	61	38%
深圳大学图书馆	132	34	20%

临聘人员普遍存在文化程度偏低、流动性大、归属感不强、缺乏开拓精神等问题，其管理水平和服务能力仍有欠缺，缺乏“读者第一”的服务理念，主动服务的意识不强。

馆员是图书馆为读者提供服务的核心要素，即便有丰富的馆藏资源，但缺少必要的人员对其进行管理及利用挖掘，读者也无法正常使用。高校图书馆要真正实现为师生科研提供服务，对大学生的学习方式、阅读习惯、专业性给出针对性的建议和科学性的引导，必须在馆员人员数量和质量上进行提高。

二、构建高校图书馆服务育人体系

（一）制定原则与目标

高校服务育人是时代发展的需要。高校图书馆服务育人要遵循科学性与可操作性相结合的原则，结合新形势特点和新技术发展状况，紧密联系学校的人才培养方案，创造良好的育人环境，提供优质的育人服务。

（二）加强馆员队伍建设，榜样育人

1．优化馆员知识结构，加大继续教育力度

馆员作为图书馆各项服务的核心要素，也是高校图书馆服务育人体系的核心要素。高素质综合性的馆员队伍，是图书馆提供优质服务的前提。目前，高校图书馆馆员学科背景大多以图书情报与档案管理专业为主，复合型人才较少，馆员知识储备不足，无法为学校的多学科建设提供深层次的服务。随着图书馆信息化建设的深入，越来越多的先进设备和数字平台被引入到图书馆的日常工作当中。馆员必须提高自身信息素养，具备数据分析挖掘能力及应对各种应用信息管理系统，才可以准确指导读者利用图

书馆的各种资源。

高校图书馆应开展专项业务和道德培训，提高馆员的信息素养、网络技术知识、语言表达能力等，推动馆员树立积极良好的职业道德观念，不断地学习提升馆员的业务水平和科研能力，通过岗位轮换等方式，培养复合型馆员，提升其服务读者的质量和效率。还要构建科学的竞争激励机制，增强馆员之间的竞争性，提升整体服务质量，健全图书馆的管理机制。[①] 通过系列的学习培训，让馆员能以文明的言行、敬业的精神以及周到的服务面对读者，让读者在图书馆感受到榜样的力量。

此外，高校图书馆还可通过引入学生助理馆员的方式，一方面缓解工作人员人数紧张的局面；另一方面，学生馆员作为图书馆工作人员的一分子，在图书馆有着提供服务与享受服务的双重身份，能够成为图书馆与读者沟通的最佳桥梁，有利于图书馆收集读者对于图书馆的各项意见和建议。

2．更新服务理念，以读者需求为导向

面对新时期图书馆发展的需要，高校图书馆必须树立人本服务、开放服务、休闲服务和品牌服务的理念。馆员应抛弃管理者的身份，从读者的需求角度出发，为读者提供各种资源使用的帮助。在读者服务当中，要注意文明、规范、技巧性和成效性。[②] 馆员与读者互动的一言一行，都会对读者产生正面或者负面影响。学高为师，身正为范，馆员应时刻牢记自己作为学校教职工的身份，注意工作中的言行举止，在读者面前树立一个主动热情、积极向上的正面形象。

在传统的观念中，图书馆以“藏”为主，故古代有藏书阁等称谓。新形势下，高校图书服务理念应转变为以“用”为主，服务内容和服务形式都应该以读者的需求为导向，以读者的视角来审视图书馆未来的建设与发展。

（三）优化馆藏结构，资源育人

高校图书馆要与时俱进，迎合新时代大学生的学习需求，科学优化馆

---

① 王慧．信息化时代高校图书馆员的职业素质［J］．科技情报开发与经济，2013，23（4）：15－17．

② 蔡冰．图书馆读者服务的艺术［M］．北京：国家图书馆出版社，2009：8－18．

藏建设，为读者提供丰富的精神食粮。通过对读者荐购、读者借阅业务数据，分析读者的阅读需求、阅读动机、阅读兴趣，了解读者的真实阅读需求。资源采购方式上，可通过读者荐购组织、图书现采等方式，让读者选购到自己所需要的文献资源，亲身参与到图书馆的馆藏建设中。图书馆的藏书建设还应将传统文化与现代文化结合，一方面，要加强经典图书馆藏建设，使大学生有机会接触了解博大精深的中华文化；另一方面，也要根据本校大学生学业、身心发展的需要进行资源采购，才能全方位地满足大学生的阅读需求。

单一图书馆仅能利用本地的馆藏资源，不能满足读者多样化的信息需求。高校图书馆要趁近年经费相对充裕的好时期，优化充实资源结构，以自建、共建资源相结合的方式广泛开展共享建设。基于图书馆工作的各环节建立起不同的共享联盟，如中国高等教育文献保障系统（CALIS）、高校图书馆数字资源采购联盟（DRAA）等等，为广大大学生的阅读需求提供便利。[①]

（四）迎合需求开展业务工作，服务育人

1. 加强信息化建设，提高读者体验感

高校图书馆需加强图书馆信息化建设，提高读者使用图书馆各项资源的便利性。通过引进设备，更新和改造图书馆借还系统实现实时自助借还书籍，改变单一的藏阅资源人工服务模式。此举一方面给予读者便利，节约读者借还时间；另一方面可以节约图书馆人力资本，在投入资金不足的情况下，将有限的人力、物力投入到其他相关服务育人的创新性工作中去。另外，还可引入人脸识别、人流跟踪等先进技术，为读者入馆提供便利，也有利于图书馆进行读者行为分析。

2. 扩大读者的资源使用权限，满足读者的阅读需求

目前，大学生对于图书馆的资源需求呈现冰火两重天的状况，部分读者常年不到图书馆借阅图书，但部分读者受限于借阅权限，而无法满足阅读需求。目前，中山大学图书馆与华南师范大学图书馆已经放开读者借阅

---

① 朱强，廖书语. 新时代高校图书馆文献资源建设的挑战［J］. 图书情报知识，2018（6）：4－9.

册书限制，且取得了良好的效果，满足了部分阅读量较大的读者的需求，提高了图书的利用率。

在数字资源的使用上，各高校图书馆可通过架设 VPN 等渠道，提供读者校外访问使用的基础条件。

3. 加大资源宣传推广，培养大学生信息素养

伴随“互联网 +”时代的来临，电子化网络化信息资源的建设高歌猛进，读者使用图书馆的资源结构也从原来的以图书、期刊为主转向数字化资源与纸质资源并存的趋势。教育部高等学校图书情报工作指导委员会事实数据库中共有 831 所高校图书馆提交了有效的 2016 年度文献资源购置费数据。文献资源购置费的平均值约为 529. 5 万元，而这些高校图书馆的纸质文献购置费均值约为 264. 1 万元，可见数字资源的采购占比已经高于纸质资源。图书馆花费如此多资金购买的“宝藏”资源，需要以多种渠道向读者展示。首先，要加强新书的宣传力度，让每一位读者能在第一时间了解新书的动态，及时做到新书利用率的最大化。如华南师范大学石牌校区图书馆设立的新书空间，将该馆近一年购买的新书集中展示。该空间藏书仅占全馆的 1%，但图书借阅量占全馆的 10%，取得了很好的文献流通效果。其次，图书馆自身应根据馆藏资源的利用情况进行统计分析，通过馆内平面媒体、门户网站、微信等各种宣传渠道，加大优秀馆藏资源的推送力度，推动优秀资源利用最大化。

培养提高大学生的信息素养，是高校图书馆的职能之一。通过做好新生入馆培训、日常数据库使用技能培训、开设文献检索课等方式，提高读者利用信息资源的能力。在新生入馆前，首先，要对他们进行入馆前教育，通过开展讲座和现场讲解的方式让新生了解图书馆的职能、馆藏资源分布情况和基本的文献借阅程序，有针对性地为不同专业的新生讲解与其相关的学科资源的获取和利用，激发他们利用文献的兴趣。其次，要做好数字资源的利用分析，常规化开展各个数据的使用培训。再次，图书馆信息咨询部等馆员可通过开设文献检索课，传授读者文献检索、论文写作等技能，辅助大学生完成学业。

4. 开展阅读推广活动，引导大学生进行正确阅读

阅读推广现已发展成为图书馆的主流服务。体现图书馆核心价值的阅

读推广的最终目标是通过阅读提升公民素养，使不爱阅读的人爱上阅读，使不会阅读的人学会阅读，使阅读有困难的人跨越阅读的障碍。[①] 在高校图书馆等阅读推广工作中，主要是提升大学生的阅读兴趣，引导形成良好的阅读习惯，发挥图书馆资源的效益。

作为大学生重要的文化活动场所，图书馆可通过开展形式多样的如主题书展、专题讲座、学术活动、读书分享等阅读推广活动，激发大学生的阅读兴趣。活动内容融趣味性、知识性、思想性于一体，做广做深做强，引导大学生深度阅读，打造项目品牌。同时，要利用全媒体扩大活动影响力，开展多方合作，合作共建。[②]

（五）创造符合读者需求的空间，环境育人

上海图书馆吴建中馆长在2015年中国图书馆学会年会上的演讲中指出，未来的图书馆将是“三个中心”，即知识中心、学习中心和交流中心。2016年5月16日，中山大学图书馆馆长程焕文在华南师范大学出席“华南图书情报论坛”的发言中指出，大学图书馆未来的工作重点是阅读推广和空间服务。不难看出，业内学者对于图书馆空间服务的重要性看法趋于一致。高校图书馆正在经历从藏阅空间到“第三空间”的多元转变，不仅体现在空间结构的改造，同时也体现在服务模式的转变。

高校图书馆作为大学最主要的学习场所之一，要为广大学生提供一个优雅的学习环境，营造浓厚的学习氛围，有利于提高学生的学习兴趣，培养学生良好的学习习惯。环境能够在一定程度上影响人的心境，好的环境能够陶冶人的情操，使人产生美的向往，使人身心愉悦，能够使读者更好地与书交流，还能够激发读者的灵感。[③] 图书馆环境建设主要体现在空间环境、文化环境两个层面上：空间环境主要是指图书馆建筑风格、馆内外的配套设施设备、馆内的各种个性化的空间布局布置等物理空间以及基于现

---

① 范并思. 阅读推广与图书馆学：基础理论问题分析［J］. 中国图书馆学报，2014，40（5）：4－13.

② 侯明艳. 创新视域下高校图书馆阅读推广优秀案例分析与启示［J］. 现代情报，2018，38（11）：90－94.

③ 关莉. 探讨图书馆以空间为中心的新布局［J］. 图书馆，2016（5）：109－111.

代化信息技术支撑的虚拟空间。物理空间建设具体如阅览场所中的桌椅、室内色彩、光线照明、声控环境、植物绿化等，虚拟空间如无线接入网络等支撑读者使用图书馆数字资源的设施。文化环境是通过丰富多彩、形式多样的文化活动来营造浓厚的文化氛围，如举办主题书展、专题讲座、人文讲座、文化艺术展览等文化活动，努力营造出良好的学习氛围和文明的人文环境，从而体现图书馆育人服务的人性化关怀，使读者在不知不觉中感受到文化的熏陶。

在物理空间的布局中，根据图书馆的馆藏资源、学校的学科建设以及读者的需求，新建或通过改造，增设主题馆空间、学习共享空间、创客空间、多媒体电子资源中心、文化欣赏中心、休闲中心等为读者提供知识交流、团队讨论、休闲阅读为一体的活动场所。提升图书馆各类空间学习环境，增强阅读体验，让读者喜欢、享受在图书馆学习的过程。

读者对空间的需求不仅表现在对图书馆物理服务空间的舒适性、安全性和体验感的要求上，还表现在对虚拟空间信息技术对其个人数字学习的支撑上。图书馆既要提供恬静、闲适的物理空间，也要在物理空间中满足数字学习、协作研究等多种用户需求。因此，除了现有的研修间、研讨室的功能外，高校图书馆的空间再造也可以打造基于智慧服务的虚拟研讨空间，满足不同用户的空间和智慧服务需求，实现虚拟空间与物理空间的融合，为读者提供线上线下无缝对接的学习环境。

（六）规范工作，制度育人

无规矩不成方圆，图书馆的服务工作需要有一定的规章制度来规范图书馆馆员、读者的行为以及图书馆的各项工作流程。明晰的各项制度，使图书馆的服务工作规范化、标准化，培养读者在享受图书馆的服务时自觉遵守法规秩序的公德意识与行为习惯，达到制度育人的效果。

1. 馆员制度

对于高校图书馆馆员，要激发其工作积极性、鼓励其在岗位工作上有所创新，需要有科学的考核和激励制度，如制定年终考核制度、岗位聘任制度、内部评优制度、考勤制度等。通过上述的一些规章制度，约束和督促图书馆馆员主动提高自身服务意识与业务能力，形成良性竞争。

2. 服务制度

高校图书馆的服务体系是由办公室、文献信息资源建设、流通、参考咨询等多部门协作分工、密切配合的综合服务体系。[①] 要使各项工作能够标准化、规范化，需要制定各项服务制度和服务标准，规范管理行为。起草制定文献资源建设实施办法、参考咨询服务办法、库室开放管理办法、图书馆馆员职业道德准则等规章制度，使图书馆馆员在业务工作开展过程中有章可依，有标准参照。

3. 读者制度

大学生作为高校图书馆的主要服务对象，需要有读者日常行为规范、借阅规则等各项管理制度来规范和约束其遵守一定的道德和行为，对其权利和义务做出详细的规定。读者制度的制定，是为了让更多的人能公平地享受图书馆的服务，同时又实现对读者的德行教育和行为规范。

第四节　高校保卫工作

一、高校保卫工作服务育人面临的挑战

（一）安保服务育人形势紧迫

高校是培养高素质创新人才的基地，是对外开放的窗口，是政治、经济、军事和科技等情报密集区，是社会稳定的基础。因此，高等学校也是西方反华势力“西化”“分化”的主要目标。他们利用西方媒体、互联网等传播渠道进行恶意炒作，鼓吹资产阶级的价值观，利用我国改革过程中出现的困难和问题，攻击党的路线方针和政策，诋毁党的领导，煽动人民群众对政府的不满情绪。当前，西方反华势力扶持利用“藏独”“疆独”分裂势力、东突恐怖势力、宗教极端势力、非政府组织和民运组织等，对我国进行捣乱破坏，多次造成恶劣影响，尤其是境内外“三股势力”相互勾结、内外策应、境外指挥、境内行动阴谋的具体表现不断升级，对我国改革开

① 朱鹏威. 信息时代高校图书馆服务育人体系建设探析［J］. 白城师范学院学报，2015，29（5）：81－84.

放的大好形势和高校的安全稳定均构成极大威胁。

因此，我们维护安全稳定的弦儿一定要绷紧，提高开拓的能力，善于根据事物发展的客观规律推动思维创新、方法创新、实践创新、制度创新，创造性地开展工作。例如，天天讲西方国家对我国“西化”“分化”他们搞了多少年，我们讲了多少年，但究竟什么是“西化”“分化”，他们利用哪些手段和办法，怎样进行宗教传布，怎样破坏我们的传统价值观，怎样分裂我们的地区、民族和感情？大学生们没有一个清晰的认识。加强大学生国家安全教育，明确什么是危害国家安全的行为及法律责任，规定国家安全机关的工作职权和公民、组织维护国家安全义务权利，是我国维护国家安全的重要法律法规。

（二）高校保卫工作育人理念尚未树立

根据全员育人思想，全体教职工都应义不容辞地加入全员育人的网络体系，安全保卫人员也不例外。部门人才队伍建设存在滞后问题，致使高校安全保卫工作人员在服务育人认知方面存在“集体无意识”状态，缺乏对服务育人的深刻认识，服务育人工作处于原始水平，内容和渠道都较为单一且薄弱。目前的校园安保工作中，重管理、轻服务的现象普遍存在，加之安保工作职能边界不够清晰，哪些应该管？管到哪种程度？哪些不该管的应该由谁来管？这些问题也导致了安保部门与服务对象之间的隔阂感和距离感，甚至有时候发生对立和冲突，服务育人更是无从谈起。如何清晰划分保卫部门的管理职能和服务职能，建立“以生为本”的服务理念，将育人理念贯穿于教学、生活、工作等各个环节，做到边管理边育人，边服务边育人，育人为重辅以管理，是值得我们进一步探讨和思索的问题。

（三）高校保卫工作服务育人未形成工作合力

首先，由于目前广东高校大学生安全教育是由各高校的保卫处（部）负责，学校领导重视、各个职能部门以及各个教学单位通力配合的状况在广东的高等学校中很少见。学校没有配备专职的安全教育的教师，现有的安全保卫工作人员又缺乏安全教育的培训，无法完成对大学生的安全教育工作，安全教育常常呈现安全保卫部门单兵作战、孤军奋战的局面，许多高校的领导层对大学生安全教育认识不足，片面认为大学生安全教育可有可无，不是教学的内容，安全教育只局限于每年的一两次活动，未形成系统性、完整的育人链条。省内许多高校的安全教育并没有纳入到大学生综合素质培养内容的高度，没有将安全教育课作为大学生的必修课来对待，中小学教育阶段对安全教育实操的空缺以致学生在安全自救方面的能力显得十分有限，甚至很多学生在事故发生的时候惊慌失措，不知道采取必要的措施来自我保护和逃生。

二、高校保卫工作服务育人的体制机制创新

（一）建立健全安全教育制度

开展高校安全教育，主要内容包括：安全方面的思想教育、法规教育、校纪校规教育、常识教育、事故案例教育、逃生自救技能教育以及心理疏导等。建立健全安全教育制度，应根据不同时期，不同的群体，不同的案件、事故的发生规律开展有针对性的教育，使之常态化、制度化，保证实效。安全教育可以分为以下两种途径进行。

一是定期教育。定期教育应当列入各高校年度教育教学计划，在新生入学军训时安排一定的时间，有针对性地开展安全防范教育、法制教育、国家安全教育、反恐教育、网络安全教育和逃生自救学习等，覆盖全校学生。

二是随机教育。在季度变换、形势变化以及节假日时，有针对性地采取多种形式进行。主要学习时事政策，防止邪教组织以及传销活动在校园内渗透和传播，抵制境内外敌对势力和非政府组织思潮渗透的知识，以及防火、防雷击、防食品安全事故、防骗、防重大疫情流行等知识。

（二）建立健全安全管理骨干工作制度

组建校园保卫队伍，如校卫队（保安队），在安全管理部门领导下负责校内的治安、防范、巡查、守护等工作和案件、事故发生时的现场保护工作。掌握学校内及周边治安动态，及时上报，提供舆情研判依据，保证良好的育人环境。

学校应建立学生信息员队伍，为学校安全稳定工作建立隐蔽战线，及时报告安全情况，及时收集安全稳定动态情况和学生思想情况，不断完善

舆情信息的收集、报送、分析制度，协助安全保卫部门做好相应研判及处置工作。

学校各院系、班级应当分别选拔或者指定专人担任安全员，负责宣传安全知识，督促有关人员遵守安全规定，制止影响安全的行为。

（三）建立健全安全培训制度

学校要安排时间组织教职工学习安全知识、岗前职业操守、法律法规、校纪校规、开展应急演练、提高管理人员思想素质和业务水平。开展安全培训活动，建立健全安全培训制度，有利于提高校园安全管理工作者及全校师生应对处置安全危机的整体反应能力，妥善处理、处置各类公共突发事件。

（四）建立健全信息沟通机制

保卫部门应定期或根据实际需要，及时听取师生代表和安全管理骨干的情况和意见反馈，有针对性地开展安保服务。强化师生员工对安保服务的监督职能，拓宽沟通渠道，加强信息公开，不断对工作进行加强和改进。

三、安保方面服务育人的平台、资源、方法创新

（一）做好基础的和常规的安全稳定工作

一是充分发挥各基层党组织的战斗堡垒作用，完善维护安全稳定的基层组织网络。二是加强思想政治工作队伍建设，辅导员、班主任工作要落实到学生宿舍。三是加强高校安全保卫队伍和安全设施建设以及科技创安工作，开展队伍培训和应急演练，为学校和师生提供全方位的综合安全服务。四是强化师生安全教育和法制教育，提高师生守法自律意识，有效预防违法违纪行为。五是充分发挥学校群团组织、学生社团以及学生骨干在维护稳定中的重要作用，形成共同关心、全员参与的工作局面。六是加强校园网络安全、消防安全、饮食安全、交通安全，加强学生住宿管理和大型活动的安全管理，严防各类安全事故的发生。

（二）成立协调职能部门和院系的安全教育服务机构

由于目前我国高校的安全工作主要以保卫部门为主，各院系配合。在实际工作中常常出现相互推诿的现象，以至于许多安全措施、安全教育制

度无法落实。成立安全教育服务机构就可以解决这一问题。如在美国高校就成立了校园警察局，该局为校园安全提供优质服务，在斯坦福大学开设有各种关于提高安全意识和犯罪预防的教育讲座。相关讲座包括犯罪预防、财产保护、个人安全、身份被盗、自行车安全、乘车使用安全带和儿童安全。加州大学伯克利分校警察局致力于维护和提高人们的安全意识、实施社区项目。大学警察局除了提供巡逻服务外，还有专门机构负责发展和协调各种活动以满足大学生的安全需求，定期为新生入学举办人身安全相关的各种报告会和讲座，同时还可以为大学生提供各种安全教育服务。例如，当遇到突发事件时，学生可以拨打中心服务电话，请求帮助。

（三）以预防为主，把大学生安全教育纳入学校的日常管理之中

《普通高等学校安全教育及管理暂行规定》第三条中明确规定："高等学校学生安全教育管理，要以预防为主，本着保护学生、教育学生、明确责任、教管结合、实事求是、妥善处理的原则。做好教育管理和处理工作。"这条规定指明了"预防"在高等学校的安全工作中的主体地位。对学生进行安全教育应以预防安全事故的发生为目标，预先通过调查研究信息，搜集分析该时期存在的不安全因素和对象，有针对性地提前防范，尽可能排除或减小不安全因素的影响，避免或降低学生安全事故的发生。同时，大学生安全教育还必须注重实效。当前大学生安全教育大多是应景教育，如某高校发生火灾事故了，上级领导发个通知，又是开会又是总结，然后是宣传教育，但并没有达到安全教育的目的。因此，大学生安全教育必须以经常性预防教育为主，把大学生安全教育纳入学校的日常管理之中。这就要求学校总的工作计划包含安全教育的内容，学校安全教育的职能部门根据学校计划的安排，制订实施计划，并具体负责实施。在实施过程中，学校各个教学单位和其他职能部门要密切配合安全教育职能部门的工作。同时，学校要增加安全教育的投入，安排大学生安全教育的专项资金，保证安全教育计划的落实。

（四）充分发挥学校教学优势，把安全教育纳入学校教学计划，使大学生安全教育规范化、系统性

以往的大学生安全教育只停留在阶段性的工作中，或者是为了应对上级主管部门的检查，没有实际效果，也容易走过场。学生本人也会迫于专业课的压力，没有时间参与安全教育活动。把安全教育纳入教学计划，学校可以全盘考虑，解决大学生安全教育与专业课教学的矛盾，甚至可以把安全教育融于整个教学活动中。

同时，安全教育还必须编写大学生安全教育教材。目前，全国高校至今还没有一本较系统的、合适的教材适用于大学生安全教育。大学生安全教育主要渠道是报纸、电视、广播、安全知识讲座以及上级有关文件、通知等。当然，这些教育都是很重要的，也收到了一些效果，但毕竟是有局限性的，其深度和系统性也受到限制。因此，为了使高校学生安全教育逐步走向规范化、系统化和科学化的轨道，首先，要编写集知识性、趣味性、实用性于一体的安全教育教材。如果没有统一编写安全教育教材，而是授课人信口讲授，那么，这样的安全教育既缺乏教育的系统性，又缺乏教育的严密逻辑性。因此，教育主管部门必须尽快地编写出具有以思想教育为基础，法制教育为依据，典型案例为衬托，防火、防盗、防事故为主要内容的安全教育教材，以提高授课的系统性、条理性和逻辑性。其次，学校应将安全教育纳入正规的教学管理中，列入教学计划，保证一定的授课时间。

（五）充分发挥课堂教学在安全教育中的作用

在有关课程和教学环节中由任课老师结合课程内容对学生进行安全教育。例如，在计算机课程中讲授有关计算机安全、网络安全方面的内容；在化学、物理等实验课讲授有关防火防爆方面的内容；在信息工程课程中讲授信息安全、系统安全等内容；在体育课上，可以穿插学生安全防卫能力的教育；等等。在日常教育管理以及各种服务工作中，都可以结合安全方面的内容，适时地对学生进行安全教育，从而形成对安全工作重要性的共识和公众舆论，以利于安全教育与教学活动、课外实践以及管理和服务工作紧密结合起来，促使学生重视安全教育。

第五节　高校后勤工作

习近平同志在党的十九大报告中明确指出：“经过长期努力，中国特色社会主义进入了新时代”，这是对我国发展所处新的历史方位的一个重大科学判断。不管是在全国高校思想政治工作会议、全国教育大会上，还是在全国学校思想政治理论课教师座谈会上，习近平同志都强调要把立德树人作为中心环节和根本任务，把思想政治工作贯穿教育教学全过程，实现全程育人、全方位育人。习近平同志的重要讲话，进一步明确了新时代高校的使命担当，为高校在新时代“培养什么人、怎样培养人、为谁培养人”这一根本问题提供了根本遵循。

新时代高等教育要牢牢把握立德树人这个中心环节，并将其作为改革发展的终极目标，融于教育各个方面。要实现这个目标离不开教育体系的制度支撑，也离不开优质的后勤服务和坚强的后勤保障。教育部于2017年12月发布了《高校思想政治工作质量提升工程实施纲要》，提出要构建课程、科研、实践、文化、网络、心理、管理、服务、资助、组织“十大育人”体系。其中在“服务育人质量提升体系”中强调，“要把解决实际问题与解决思想问题结合起来，围绕师生、关照师生、服务师生，把握师生成长发展需要，提供靶向服务，增强供给能力，积极帮助解决师生工作学习中的合理诉求，在关心人、帮助人、服务人中教育人、引导人”①。从某种意义上讲，高校后勤是育人的基础性工作，后勤服务直接关系着校园的安全稳定与师生员工的民生福祉。要实现全员育人、全程育人和全方位育人，高校后勤是必不可少也是非常重要的一环。新时代后勤工作就应该把握新要求，迎接新挑战，坚持用立德树人引领服务育人工作的方向，建设与“双一流”相匹配的后勤服务保障体系，让学生在接受和参与后勤服务中身心得以全面发展，这是高校服务育人工作必须始终牢牢抓住的灵魂，也是摆在高校后勤工作者面前的责任和使命担当。

---

① 中共教育部党组．关于印发《高校思想政治工作质量提升工程实施纲要》的通知（教党〔2017〕62号）［Z］．2017.

一、当前高校后勤服务育人工作的现状及存在问题

（一）学校对服务育人日益重视，但后勤发展定位缺乏更为人本性的思考，容易见物或见事不见人

因为高校后勤的本质在于服务，从一开始就具有教育属性，所以重视服务育人也是应有之义。特别是随着2016年全国高校思想政治工作会议的召开，高校对立德树人、“三全育人”等工作的重视提升到了一个新的高度，高等教育开始重新思考如何系统性地在教学科研、行政管理、后勤服务等各个方向进行育人体系的加强和重构。高校后勤服务育人工作也日益得到重视。

高校后勤从广义而言，涵盖了高校师生员工医食住行、教学科研保障的方方面面，也即通常所说的总务后勤、资产管理、基建管理、医疗保障、图书、网络等。狭义而言，专指总务后勤。不管广义还是狭义，高校后勤同行间一直有一个被普遍认可的服务宗旨——“三服务两育人”，即始终坚持“为教学服务、为科研服务、为师生生活服务，实现管理育人、服务育人”，随着育人概念的不断扩展，又陆续增加了“环境育人”“文化育人”等不少新的提法。

在实践中，这个宗旨有时只能停留在口头上或者出现工作总结、报告中，要真正落到实处，特别是要真正让服务育人见成效，还缺乏政策上的支撑、制度上的保障、经费上的支持和观念上的更新。这一方面与后勤服务育人的特点具有潜在性、长期性和间接性有关；另一方面，很大层面上也与高校对后勤工作的定位相关联。高校把教学科研摆在首位是职责所在，但是如果长期对后勤的重视程度不够，把后勤的定位仅仅停留在不出事、能维持，把目标仅仅停留在看好门、做好饭、开好车等做事层面上，就很容易陷入见物或见事不见人的误区，也就让高校后勤背离了育人初衷，更失去了其个性化和人性化的考量。此外，高校对后勤社会化的认识存在误区也直接制约了服务育人工作。特别是认为后勤社会化就是一包了之，师生作为消费者就是购买服务，从而直接否定服务育人的必要性，乃至忽视服务育人功能的发挥。而提供服务的社会企业也往往更多是关心经济成本

和经济效益等问题，以致容易忽视在提供服务对象的特殊性和服务过程中所应尽的社会责任，缺乏服务育人精神。

（二）师生对后勤服务的参与程度较低，育人实效有待提升

一方面，随着人民生活水平和条件的提高以及高等教育的迅猛发展，服务对象对高校后勤的硬件改善需求和日益更新的人性化、多样化服务需求与后勤政策支撑、经费保障与队伍建设不平衡不充分之间存在着矛盾。特别是自“90后”“00后”开始进入高校学习后，他们的思想和行为特点加速了后勤服务需求多样性、个性化的增强趋势，对后勤服务提出了更高的要求，也对后勤配套设施和人性化服务提出更高的要求。

另一方面，随着师生员工对后勤的关注程度和参与意识的日益增强，高校后勤也开始重视后勤的服务参与和民主管理问题。然而，由于现实的种种原因，师生员工对于后勤的饮食、住宿、医疗等与其利益息息相关的重要领域仍然缺乏参与权和话语权，甚至很多学校后勤系统仍然是处于埋头种地、闭门造车的自我封闭状态，决策时不做调研、不充分考虑师生的服务需求，从而容易导致一些后勤决策损害师生权益，甚至给学校发展带来困扰的情况发生。研究显示，目前高校在鼓励后勤管理服务的参与方面不同程度上存在参与的形式和途径有限、参与的主体和领域较少、参与的效果不尽如人意等问题。[①] 这些问题的存在，既不利于师生员工对后勤的理解和支持，更不利于高校后勤服务育人效果的发挥。

（三）服务育人载体和方式的不断多元化，但新媒体微服务的应用和普及力度有待进一步提高

高校的育人环境根据其育人构成要素，一般可分为物质环境和文化环境。物质环境，是学校校园内对师生工作、学习、生活产生影响的一切物质条件的总和，是学校发展的基本条件，也是文化环境的重要载体。文化环境，是指学校师生员工在长期的教学、工作、学习、生活过程中共同形

---

① 张学理，房亚明．治理现代化视角下大学生参与高校后勤管理的机制创新［J］．社会工作与管理，2016（3）：78－83.

成的各种文化因素的总和。[1] 物质环境和文化环境相互依存，发挥着重要的育人作用。近年来，高校服务育人的载体日渐丰富，主要体现在后勤文化建设的加强和信息化手段在后勤各领域的广泛应用上。各高校纷纷引入以智能化技术为核心的信息化管理和以标准化为核心的标准化管理等现代管理手段，让后勤服务日趋提质增效，更为贴近服务对象。

笔者调研发现，尽管各高校后勤管理服务模式不尽相同，但总体上都比较重视后勤文化建设和利用“互联网＋”思维推进信息化，积极营造全员育人、全过程育人、全方位育人的良好氛围。一方面，高校后勤系统通过坚持举办后勤文化节、宿舍文化节、饮食文化节、毕业生文明离校、节能文化周等活动，不断拓展餐饮公寓服务、后勤勤工助学实践岗位、节能宣传教育、义务安全服务等育人空间和平台，积极推进思政和育人工作进社区、进公寓、进食堂，不断优化后勤服务育人效果。

另一方面，随着互联网时代的到来，倒逼了高校后勤纷纷开通微信公众号服务，重构服务流程，提升服务满意度。当然，高校后勤对于微信、微博、手机APP等新服务载体的应用能力和服务水平还有较大的提升空间。从普及程度而言，尽管越来越多的高校开通了后勤微博、微信公众号，但仍有不少地方院校的后勤服务停留在较为传统的方式。从这些新载体的管理和应用而言，有些公众号、微博长期得不到更新，开通形式大于实质，服务内容单一、陈旧，不能与服务对象很好地互动，推广力度和普及力度不够。此外，后勤职工对于新服务媒介的应用仍存在一定程度的消极应对或者抵触情绪，觉得增加了工作量和工作难度，并且对于工作效率的要求提高了，相应的信息能力短期内也未能得到提升。这些都会制约其作用的发挥和育人效果的提升。

二、构建以立德树人为引领的高校后勤服务育人新体系

面对新形势、新任务、新挑战，各高校要把总书记的重要讲话精神融入高校立德树人和服务育人工作的方方面面，积极探索全面构建以立德树

① 骆郁廷. 思想政治教育原理与方法［M］. 北京：高等教育出版社，2010：203－204.

人为引领的高校后勤服务育人新体系。

（一）创新体制机制，以立德树人凝聚后勤服务育人的主体方向力

新时代的高校后勤赋予了高校后勤职工“全员育人、全过程育人、全方位育人”的责任，不管是后勤的管理者还是服务者都不应忘记“教育者”的职责。高校服务育人的主体是后勤服务工作者，高校要做好服务育人，关键就在于通过创新体制机制，充分发挥后勤工作者的主体作用，坚持好立德树人的正确方向。

1. 立德为先，不断增强服务育人的目的性和导向性

服务育人的成效首先取决于育人主体的道德水平和综合素质。广大后勤工作者要增强主体性，就必须不断提高主体自身的素质，做到立德为先。服务对象对于服务的感知大部分来自于提供服务的后勤职工。后勤职工是秉公办事还是“私”字当头，是以生为本还是“利”字当头，是以理服人还是仗势压人，是以方便管理还是方便学生为工作出发点？这些都体现了思想情操、道德境界和责任担当。“才者，德之资也；德者，才之帅也”，立德乃修身之根本、价值之基石。德要“立”，关键在于行动和实践。后勤职工要清醒认识和准确定位，作为服务育人的承担者、发动者、组织者和实施者，就应该加强教育宣传，在工作实践中不断提升境界，充分发挥主体的能动性、主导性和超越性，始终把学生放在心上，用工匠精神和职业道德不断激励鞭策自己，做到服务主体先受教育，并通过服务实践潜移默化的力量，以德化人、以行导人，最终实现让学生在接受和参与服务中砺德、明德、立德的目标。

2. 树人为本，不断增强服务育人的系统性和协同性

十年树木，百年树人，立德为先导，树人是根本，两者共同构成教育工作的根本任务，也是服务育人的方向和目标。马克思曾经在《德意志意识形态》和《资本论》中多次提出“每个人全面而自由的发展”① 是共产主义的理想和目标之一。为此，作为社会主义人才培养的重要阵地——高校，“树人”理所当然就要强调人的全面发展。高校服务育人要紧密围绕树

① 中共中央马克思恩格斯列宁斯大林著作编译局. 马克思恩格斯全集：第二十三卷［M］. 北京：人民出版社，1972：649.

人为本，通过改革创新不断优化后勤服务育人的体制机制，特别要重视解决育人的系统性和协同性问题，把解决实际问题与解决思想问题结合起来，急学生之所需、急学生之所急，通过增强育人意识，完善协同制度，创新服务流程，增强服务能力，促进学生的全面发展。

（二）拓宽民主参与，倡导服务学习，提升后勤服务育人的客体驱动力

1．增强民主参与，实现主客体相统一

高校服务育人的客体是接受服务和教育的大学生，是育人主体所作用的对象。高校后勤的一切服务都应该以学生成长成才为中心，通过创造条件让广大师生广泛参与到后勤服务当中来，从而调动学生的积极性、主动性和创造性，逐步实现自我教育、自我管理、自我服务、自我塑造，让服务育人的客体获得主体性，并转变为主体，实现主客体的统一。如笔者所在的华南师大后勤坚持开展了30余载的“大学生之家”活动、文明离校“四留下”等活动，让学生自己动手美化用餐环境、优化宿舍迎新环境等做法收到了良好的育人成效。此外，通过组织学生成立自律会、楼委会、膳委会等学生自治组织加强后勤民主管理；并通过学生广泛参与后勤的服务满意度评价、外包企业服务质量监管；通过勤工助学平台设置安全员、巡查员等方式充分调动了广大学生参与后勤、理解后勤、支持后勤的积极性和主动性，拓宽了学生通过参与后勤管理服务，提升自我修养的实践途径。

2．探索“服务学习”与服务育人的融合

美国20世纪60年代开始倡导的“服务学习”（service-learning），现已广泛应用于世界各地的各级各类教育领域。与单纯的社区服务或志愿者服务相比，服务学习以满足服务对象的需求和促进学生的学业与公民素质发展为目标，以学校课业学习为基础，通过精心设计含有服务的活动，使服务者和被服务者双向受益。[①] 高校后勤服务育人要改革创新见成效，就可以借鉴服务学习的概念，充分挖掘后勤服务与学生成长成才的契合点，与教务、学工系统和相关学院进行联动，在校内系统性地设置相应的服务学习课程学分，探索性地开展服务育人与服务学习的融合。如有条件的高校可

---

①　姚梅林，郭芳芳．服务学习在中国：现实需要与推进策略［J］．北京师范大学学报（社会科学版），2015（3）：51－58．

以开展“人际交往心理与宿舍关系”“舌尖上的美学”“节能行动与公民意识”“园林绿化与校园生态”“卫生与健康习惯”等服务学习实践平台，促进学习的多元化的同时有效地推进后勤服务育人工作。

（三）注重保障，创新载体，丰富文化，强化高校后勤服务育人的环境支撑力和媒介传导力

育人环境是高校校园文化的重要组成部分，安全有序、健康和谐的后勤育人环境对师生的思想观念、价值取向、行为方式和审美情趣等方面都会产生潜移默化的导向作用。

1. 加大投入，不断夯实服务育人物质环境基础

高校后勤是一个开放的系统，政策条件和投入保障的变化对系统会产生较大的影响。为了保障高校后勤系统的健康可持续发展，国务院和教育部就后勤社会化、食堂、公寓建设和服务标准等出台过不少文件，但是这些文件要真正落到实处还任重而道远。高校要重视物质环境的改善与优化，因为这些是育人不可或缺的物质条件，要特别注意扩招带来的课室、实验室、图书馆、学生宿舍、饭堂及各种仪器设备等不足给育人带来的消极影响。高校要真正提升服务育人的效果，就要从实际出发，统筹兼顾，落实好后勤服务的投入和建设标准。后勤服务与师生员工工作、学习、生活息息相关，既是民生工程更是民心工程，要给予足够的重视。如落实好应对物价上涨食堂的补贴平衡基金、落实公寓建设的“421 标准”、物业服务标准等等，这些都需要政策支撑和经费投入。

2. 围绕立德树人主线，继续提升服务育人文化环境效果

后勤文化是服务育人的营养沃土。高校要紧紧抓住立德树人的主线，确保后勤文化建设正确的方向；坚持立德为先，育人为本，做到后勤文化建设有灵魂；加强制度建设，建立健全后勤文化服务育人的长效机制；通过构建健康、向上、科学、和谐的后勤文化，提升后勤服务育人的效果。

一方面，通过学习培训和培养培育，引导广大后勤职工养成“诚信正直、敬业爱岗、务实担当、廉洁高效、精益求精”的精神文化和职业操守，在工作中始终坚持以人为本、以生为本，通过耐心服务以身垂范，通过敬业用心做好榜样示范，关心关爱学生，潜移默化影响学生。另一方面，围

绕立德树人的目标，积极打造丰富多彩、品味高雅和积极向上的后勤文化品牌活动。通过让学生积极参与后勤文化创建活动，在情景体验、合作学习、实践锻炼中，实现全面发展。

3. 运用“互联网 +”思维为服务育人提质入“微”

当前，随着“互联网 +”数字技术、云计算、物联网等叠加应用，微博、微信、移动客户端（APP）等新兴媒体迅猛发展，微传播深入人心，意味着“微时代”已经到来。高校后勤要实现服务育人，就要充分根据服务对象心理和习惯的变化，充分借助微媒体平台，提供更为多样化和人性化的服务。第一，要继续推广和普及微时代后勤的微服务，提升后勤服务质量和竞争力。第二，充分利用“互联网 +”思维，通过大数据与云计算，对学生的生活习惯进行分析，提供更为个性化的用餐、宿舍安排、课室、图书馆使用等服务，以提升软服务弥补硬件的不足。第三，通过学生参与微服务的互动，提升学生的信息素养和信息聚合、沟通能力，实现后勤服务育人的提质入“微”。

总而言之，新时代高校朝着不断培育一流的后勤队伍、营造一流的育人环境、打造一流的后勤文化、追求一流的服务质量的方向努力，进而在服务育人中实现立德树人的终极目标。

第十一章 新时代广东高校服务育人整体评价和未来展望

第一节 新时代广东高校服务育人的整体评价

一、初步探索，基本构建

从整体发展上来看，新时代广东高校对于服务育人在其人才培养工作中的重要作用已经有了充分的认识，对服务育人进行了初步探索，基本建构起服务育人的体系。

（一）服务育人覆盖面较广

新时代广东高校服务育人的覆盖面较广，体现在横向与纵向两个方面。

首先，在横向上，新时代广东各主要高校均能充分认识到服务在育人工作中的重要地位。各高校能结合本校服务部门实际发展情况、育人工作理念与学生发展需求，将培养人才的理念贯彻落实到服务工作中，发挥服务的育人作用。再者，广东各高校后勤服务系统各部门虽职能众多，工作繁杂，但基本能将服务育人的理念渗透到本部门的工作中，全方位覆盖整个高校服务系统。有利于将育人工作落实到学生成长发展的方方面面，优化高校服务工作的育人功能，发挥服务育人的整体效益。

其次，在纵向上，新时代广东高校服务育人覆盖了线上和线下两个渠道。随着网络媒体的高速发展，智慧后勤服务的建设在高校服务工作中逐渐占据了重要的席位。例如，高校就业指导部门通过研发面向用人单位及学生的自助式信息化就业指导平台，使用人单位可通过学校就业指导信息网站自助发布招聘信息，学生也能及时获得用人单位的信息等。线下常规服务模式与线上服务相结合，通过简化办事流程，加强工作和网络的对接，有利于提高服务工作效率，整合服务资源，加快信息流动，使服务更加便民化、人性化，能够提升高校服务工作的育人功能。

（二）以人性化服务为主要特征

随着社会的进步和教学改革的发展，我国的高校教育正在呈现全面化和大众化的趋势，同时也正在向人性化的方向发展。高校的服务工作是学生获得教育的重要阵地，对高校的服务工作进行人性化管理是时代发展的必然趋势。新时代广东高校通过提供人性化服务，为广大学生营造良好的文化环境，从而构建一种和谐的教育服务模式。其服务育人的人性化主要体现为以下几个方面。

首先，是服务育人理念人性化。新时代广东高校能始终秉持人性化的服务理念，坚持“以人为本”“以学生为中心”的原则，将培养人才、发展人才作为服务的重要目标导向。各高校把重视人、理解人、尊重人、爱护人、提升和发展人的精神贯穿于服务中，从学生的需求出发，来提供学生切实需要的服务，并及时调整服务工作思路，使学生获得满意的服务体验，从而促进学生更好地发展。

其次，是服务育人制度人性化。服务育人的制度是服务育人工作有效开展的重要保障。新时代广东高校通过建立一系列人性化的制度，保障服务工作能够有效地发挥其育人的作用。如制定相应的岗位设置和人事安排、服务育人成果考核、资源管理、信息公布等制度，并对各部门的业务流程进行规范化管理，保证各部门、各环节能科学有序地进行。

再次，是服务育人方式人性化。高校服务育人的方式是决定其育人效果的关键所在。新时代广东高校服务系统育人方式具有多元化、便民化及个性化的特征。广东各高校通过采取多元化的服务方式，实现多维度育人；通过采取便捷化的服务方式避免学生出现“办事难，办事慢”“多头跑，来回跑”等问题；通过采取个性化的服务方式，尊重学生的差异，有针对性地满足学生的成长需求。

最后，是服务育人环境人性化。教育环境对学生的发展有着潜移默化的影响作用。服务工作承担着重要的育人角色，服务环境也相应地成为重要的教育环境之一。新时代广东高校通过构建舒适的服务环境，配置完善的服务设施，营造良好的服务氛围，如在基建中使用环保材料，科学划分图书馆各功能区域，加强对后勤人员服务意识的培养，让他们在为学生服务时注意自己的服务态度以及服务时所使用的语言，对服务对象给予足够的尊重，等等，营造和谐的服务育人环境，以达到促进人才培养的目的。

二、机制不健全，发展不成熟

新时代广东高校服务育人仍处于探索阶段，其机制还不健全，发展仍不够成熟，依然存在着许多不足。

（一）各部门发展不平衡，未形成合力

上文提到，新时代广东高校服务育人覆盖面较广，在各服务部门中均有所体现。但是其高校内各服务部门的服务育人发展很不平衡，主要集中在就业、教务、图书馆等部门，后勤部门如食堂、住宿、基建等缺乏育人存在感。同时，各部门之间缺乏育人合作与经验成果的共享，没有形成优势互补与良性互动，未形成合力，导致各部门育人形式较单一，创新改革滞缓。各高校之间亦缺少横向交流，长期处于分散、自发、孤立、自由的封闭式探索状态，缺少校际之间的比较评价，水平差异很大，没有形成长效动力机制。[①]

（二）保障力度不足，缺少资源投入

新时代广东各高校虽基本能够认识到服务工作在人才培育上所具有的重要作用，但是许多高校对服务育人的资源投入远远不能满足服务育人发

① 周玉霞．新形势下高校图书馆服务育人创新研究［J］．科学大众（科学教育），2019（3）：173，156．

展的需要，其所提供的保障力度仍然不足。部分高校忽视了大学服务文化在大学文化建设中的重要地位和作用，常常用单纯的经济指标来衡量后勤服务的效率和效益，把大学后勤等同于经济型企业，忽视大学服务文化在育人活动中的独特功能。因此，在制定战略规划、安排学校工作时，后勤服务常常被边缘化，缺乏专门的政策支持，得不到应有的重视。导致有些后勤战线的干部职工也觉得自己的工作与学校的育人工作毫无关系，缺乏在学校育人活动中的责任感、使命感和荣誉感。① 在资源投入方面，许多高校服务工作的开展缺乏充足的资源支撑。例如，部分广东高校图书馆资源采购受限，渠道单一，经费下达迟缓，导致无法及时满足读者的需求，以至于图书馆采购的文献信息资源严重滞后与偏离。

（三）评价机制不完善，反馈渠道不畅通

服务育人虽在高校育人体系中扮演着不可缺少、无可替代的角色，但是由于其长期被视为高校德育的“第三课堂”，属于隐性课程范畴，不列入教学计划、不计成绩、不记入学生档案。各部门及其从业人员的服务育人能力、育人成果如何，长期缺乏统一化、科学化、标准化的评价考核机制，高校服务育人不能及时审视部门工作存在的不足，缺少各部门之间与员工之间的比较，没有形成竞争驱动，长期以来会导致服务工作者缺乏自我完善、自我提升的积极主动性，导致服务工作的发展缺乏动力，影响其育人水平。归根结底在于各高校仍缺乏整体的服务育人蓝图规划与统筹安排。各服务部门年度考核多以工作报告为单一形式，有总结无考核，形式主义色彩较重。

此外，广东高校还存在服务反馈渠道不畅通的问题。许多高校服务系统缺乏正式的投诉平台，各部门没有专门负责处理投诉与信息反馈的岗位，投诉与反馈渠道多数为意见簿等传统形式，学生的服务体验感与获得感没有得到应有的重视。服务育人无法反映学生的切实需求，服务工作也未能进行改进和完善。

---

① 蔡红生．大学后勤服务文化建设析论［J］．学校党建与思想教育，2017（10）：90－91．

（四）人事制度不健全，队伍建设不成熟

只有优质服务才能受到学生欢迎并使其产生感激心理，从而发挥正面教育作用；相反，劣质服务不可能发挥正向育人作用，还会产生负面消极影响。人力资源是最宝贵的资源，服务的质量、服务执行力的培育和提升，从根本上说，依赖于员工整体素质的提高。[①] 学校教职员工的思想文化素质和业务素质，也从一个侧面体现了高校的服务、管理水平和文明程度。新时代广东高校服务系统存在人事制度不健全、队伍建设不成熟等问题，是阻碍其实现育人目标的主要因素。

广东高校普遍存在服务后勤人事制度不合理的现状。学校后勤编制职工来源单一，多为学校引进人才的家属以及军转和校内分流人员，缺乏自主引进的管理人才和高素质专业技术人才，校内各单位优秀人员对后勤部门存在偏见，也不愿意向其流动，导致后勤管理队伍和技术骨干的建设与培养存在着严重的青黄不接现象。而合同制员工收入水平普遍较低，缺乏基本保障，流动性强。[②] 不少大学的宿舍管理员、餐厅从业人员用的多是临时工，这些人既没有系统地学习过学生事务方面的专业知识，又没有接受过学生事务服务方面的相关培训，不仅缺乏主动服务学生的育人意识，也不具备提供高质量服务的能力。无论是从思想素质上还是业务能力上，都不能达到专业化与职业化。

（五）工作方式较粗犷，缺乏针对性

科学的服务方式，是达成育人目标的重要前提。新时代广东高校虽对服务育人进行了初步的探索，但服务工作整体上仍是粗放式的发展，缺乏针对性和科学性。受传统思维的影响，目前一些广东高校还没有形成“大服务育人”的观念，缺乏服务育人的深度和广度，同时也没有制定有针对性的服务育人的目标定位。在服务管理上，还是沿用传统的教育模式。对所有的学生，都采用统一的方法、目标和模式。教育目标只有高度，没有形成梯度。对于学生的实际问题，没有采取有针对性的解决措施，同时也

①② 蔡红生．大学后勤服务文化建设析论［J］．学校党建与思想教育，2017（10）：90－91.

没有对学生多元化和个性化需求给予满足，使服务育人不具备较高的时效性。①

（六）智慧后勤建设流于形式化

线上服务与线下服务相结合是新时代广东高校服务育人的特点之一。但目前广东高校智慧后勤建设在取得阶段性成果的同时，也存在许多问题。高校智慧后勤的建设理论很大程度地借鉴了智慧校园的建设成果，对原有大数据进行挖掘。一些高校智慧后勤建设实行“信息系统外包”，技术层面得到了很好的解决与保障，但过于重视硬件、软件建设，导致高校后勤服务育人的理念与意识很容易缺失。② 外包供应商提供的后勤信息系统对资源利用更多强调效益及标准化，导致其在师生中的认可度较低，持续生命力不强。一些高校智慧后勤建设，在系统之间数据无法进行有效的对接，无法兼容多个供应商提供的信息，数据与信息的共享没有得到保证，使用不方便、不智能，形成很常见的“信息孤岛”。③ 此外，还有信息系统维护不到位、利用率低，造成资金浪费等问题。例如，我们在调查中发现，目前广东大多高校仍以图书的藏阅服务为主，采用传统式流通书籍借还服务，服务类型单一。部分高校图书馆甚至无线网络还无法覆盖，严重制约读者对于数字资源的利用。

第二节　新时代广东高校服务育人的顶层设计

所谓高校服务育人的顶层设计，是指高校服务部门运用系统论的方法，全面协调、统筹兼顾，为高校后勤的改革使命、发展定位、转型方向、基本职能、框架体系等予以基本的设定，确保高校服务育人工作能集中有效资源，高效快捷地实现其育人目标。高校服务育人顶层设计是一个系统的工程，牵一发动全身，必须充分考虑后勤发展的各项因素，统筹兼顾，科

---

① 张曦，万劼．解决高校服务育人不平衡、不充分困境的路径研究［J］．太原城市职业技术学院学报，2018（2）：100－101．

②③ 王海峰，陈克建，许远远．服务育人视域下高校智慧后勤建设研究［J］．高校后勤研究，2018（3）：26－29．

学谋划。新时代广东高校服务育人的顶层设计，主要有以下几个方面。

一、遵循客观规律

所谓的客观规律，在这里是指培育人才的规律，如竞争成才规律、量才施教规律、实践出人才规律等。习近平总书记指出，择天下英才而用之，关键要遵循社会主义市场经济规律和人才成长规律。这就要求我们认识规律、尊重规律、按规律办事，不断提高人才工作科学化水平。新时代广东高校服务育人工作的重点应当放在育人上。要始终将“以人为本”作为服务队伍建设的指导思想和发展目标，这是新时代广东高校服务育人的根本立场与基本特征，是不能动摇的。只有遵循人才培养规律，根据学生的发展特征、发展需求与发展存在的问题及时制定和调整服务育人的战略，才能使服务育人达到预期的效果，反则将是事倍功半，弄巧成拙。

二、立足高校实际

一切从实际出发，实事求是，是高校立德树人所要坚守的重要原则。各所学校由于其历史传统、办学理念、现实资源等方面存在较大的差异，其服务育人工作的模式也各有不同。新时代广东高校服务育人要坚持立足高校实际的顶层设计，在加强与其他高校之间的交流对话的同时要一切从本校实际情况出发，坚持具体问题具体分析，结合本校立德树人总体规划与学生发展需要，制定体现本校特色的服务育人方案。

三、优化体制建设

体制的建设与各项制度的完善是服务育人持续、健康发展的基本保障。新时代广东高校服务育人要实现系统化、长远化的发展，必定要以完善的服务育人体制作为支撑，包括建立科学的人事分配制度、服务队伍培训机制、标准化的评价考核制度以及协同育人机制等囊括育人工作方方面面的制度，提高服务育人工作的规范性、科学性和常规性，保障服务育人工作的稳定开展，推动服务育人工作向纵深发展。

四、创新工作方式

2017 年 9 月，中共中央办公厅、国务院办公厅印发的《关于深化教育体制机制改革的意见》提出了要大力推进育人方式改革。育人方式的改革和创新是新时期教育提升质量、应对新挑战、完成新任务的应然路径。传统的德育方式使得德育成效低，德育成为形式化的摆设。新时代落实立德树人根本任务需要创新育人方式。新时代广东高校服务育人要提高创新能力，以创新驱动促进服务育人工作的改革与完善，尤其是要紧跟新时代的步伐，与时俱进，响应时代号召，体现时代特色，培育出时代发展所需要的人才。

第三节　新时代广东高校服务育人的未来展望

新时代广东高校服务育人的未来发展，要在顶层设计的引领下，根据实际发展情况做好基层创新。在遵循服务育人“以人为本”的总原则的基础上，对症下药，弥补不足，寻找突破，优化服务系统，打造品牌服务育人项目，实现高校服务育人科学、长久、有活力的发展。

一、做好服务统筹，加大育人投入

要充分发挥后勤服务在培育人才上的作用，首先，要将把服务育人纳入高校的办学体系中。做好服务工作的统筹，要求高校从战略的高度对服务文化建设做出长远的、系统的规划，为服务育人在高校落地生根提供依据和支撑。服务育人作为中共中央的一贯政策，曾在 1987 年、1992 年、2004 年、2016 年四次被写进“关于加强高校学生思想政治工作”文件。高校领导班子应该提高对服务育人的重视，制定相关条文反映中央重要文件精神，将服务育人作为评价本校“三全育人”工作水平、思想政治工作水平的必要组成部分。要做到让服务育人成为高校行为，一是要将其写进《大学章程》，作为高校重要决策的一部分，进入事业规划，列入职工义务；二是要将其纳入后勤管理机关、党组织、服务实体和干部业绩评价中，作为评优评先的必要考核标准；三是要将秉持“以人为本”育人理念作为校内市场招标和评价服务企业的关键要素之一，选择服务业务能力强，又具备育人意识的优质企业。①

其次，高校服务文化的建设是一项长期探索、研究、改革、创新的过程，需要足够的人力、财力、物力作为服务育人实践发展的支持。高校要制定政策，加大资源和财政投入，为各部门的建设提供可靠的经费来源。要做好高校后勤财政保障中的长期改革发展规划，尤其是要保障高校加大对公益性后勤服务的投入，加大硬件设施配置投入，加强配套建设，引进先进设备，促进设备更新换代，全面提升后勤保障的硬件水平。要加大人力资源投入，完善人事保障制度，投入充足的资金吸引专业技术人才与高素质管理人才到后勤服务系统中来。有关部门应进一步完善优惠政策，健全公益性服务的成本补偿机制和经营性服务的价格形成机制，形成有效的风险防范和价格平抑机制，确保高校后勤服务部门在财务上的正常运转。②

二、建设服务队伍，激发育人活力

高校后勤服务能否育人，要以什么样的价值观育人，直接体现在服务队伍的素质水平上。高校服务育人的质量极大程度上取决于高校后勤服务队伍的文化素质与业务能力。其文化素质包括其职业道德及德育意识，其业务能力包括其服务能力与育人能力。目前，广东高校后勤组织员工多为编制外的合同工或临时工，大部分人没有接受过育人专业培训，且流动性大，存在感与归属感不足，缺乏育人主动性与专业性。因此，建设服务队伍，要建立常规化、系统化的教育培训机制。

首先，要提高广东高校后勤服务队伍的育人主动性，加强其职业道德与德育意识培训。广东高校服务队伍建设要加强组织内的思想政治教育工作，以社会主义核心价值观与中华民族优秀传统道德为引领，使广大服务系统人员培养起爱岗敬业、办事公正、乐于服务、无私奉献的品质。要提

① 黎玖高，皮光纯．高校后勤服务育人的过去、现在与未来［J］．高校后勤研究，2017（S1）：113－120.

② 孙雷．一流大学需要一流后勤［J］．中国高等教育，2015（21）：36－38.

升广东高校服务育人的德育意识，就是要激发服务系统从业人员的主动性，提升他们对育人工作的认同感与归属感。一方面，要通过职业培训与思想教育，提高从业人员思想境界、人文素养，让他们充分认识到自身工作的价值和重要地位，提升其职业自豪感，增强其对教育者角色与服务育人价值的认同感。从而巩固从业人员的责任感，促使他们能以教育工作者心态高标准要求自己，尽心尽力为学生服务。另一方面，要做好从业人员，尤其是编外人员的基础保障工作。要坚持实行干部聘任制和全员劳动合同制，不断优化调整队伍结构。要按照奖罚分明、彰显绩效的原则改革薪金分配制度，充分调动后勤职工的积极性，提升从业人员的劳动获得感，增强从业人员的归属感与存在感。

其次，要提高广东高校后勤服务队伍的育人专业性，加强其服务能力与育人能力培训。对管理干部、技术骨干、后备人员的培养，要把服务育人教育放在突出位置。要重点开展针对后勤服务从业人员的专业技术（技能）教育、沟通技巧教育、教育理念教育、心理健康教育等方面的培训专题，使其逐渐树立起育人的自信。要分类别、分层次、差别化进行多样化、精准化、规范化的工作能力提升培训，不断革新培训方式、丰富培训内涵，以压茬接续的态度狠抓工作人员工作能力和服务水平的提升，为高校服务育人工作顺利开展保驾护航。[①] 要通过准入机制，对入职的人员做出相应的学科背景、知识结构和工作素质的要求，把好人员入口关，保持队伍素质的稳定性。同时，要通过专业化绩效考核机制，为奖优罚劣提供客观基础和依据，避免管理的随意性。

三、完善服务内容，尊重主体个性

青年是新时代社会建设的重要力量。青年的个性化发展是社会多元化发展的必然要求。“美国大学学生事务管理部门认为学生不仅是接受知识的

① 王刚. 新形势下高校服务育人体系构建刍议［J］. 今传媒（学术版），2019，27（1）：129－130.

受体，而且更是一个有个性差异、有不同选择与需求的个体。”[①] 将学生视为服务育人的主体，促进学生的个性化发展是培养全面发展型人才的应有之意。放眼世界，许多国家的高校在提供个性化服务上的经验都值得我们借鉴。英国高校将“以学生为中心，尊重学生的独立性和自我意识”作为其学生事务管理的基本理念，将“使学生更为便捷地获得服务”作为其学生事务运行机制设计的指导思想。许多学校均针对不同学生的个性化发展需要规划服务方案，如约翰逊·霍普金斯大学针对新入校的第一代大学生（指家庭中第一个读大学的学生）或移民学生，为他们提供一对一的课业辅导。[②]

广东高校服务工作者只有牢固树立“以人为本”，以学生为中心的个性化服务理念，尊重不同学生群体的差异，提供能满足学生的个性发展需要的优质服务，才能真正被学生所认可，才能达到其培育人才的目的。广东高校应当积极借鉴国外高校个性化服务的经验，清楚地认识到，学生作为服务育人的主体，其接受服务的体验感与获得感对于育人成效的决定性作用。由此，在为学生提供服务的过程中，服务工作者应当视学生为独立的个体，摒弃传统的将学生仅仅视为服务对象的观念，而是把学生当作高效开展服务工作的重要合作伙伴，注重学生主体作用的发挥，尊重学生的个性差异、独立人格和个体权益。

四、创新服务形式，紧跟时代步伐

坚持服务形式的创新是保持高校学生事务具有长久活力和生命力的必由之路。新时代高校育人事业的发展与学生的成长要求广东高校紧跟时代步伐，不断利用新型平台，开辟服务育人创新项目。

广东高校服务育人要做到紧跟时代步伐，首先，要创建更加完善的智慧化、数字化服务平台。早在2015年，中国教育后勤协会就发布了《教育

① 胡金朝．美国大学服务育人的主要做法及启示［J］．思想政治教育研究，2016，32（2）：138－140.

② 吕宗瑛．英国高校服务育人体系概论［J］．学校党建与思想教育，2017（5）：93－96.

后勤“互联网+”行动计划（2015—2020 年）》，明确指出在互联网时代，教育后勤行业的变革无法避免。提出了“以互联网为主的信息新技术为载体，以教育后勤信息化建设为抓手，以技术创新和服务管理模式创新为驱动，以满足师生、服务、管理新需求为导向”的后勤服务行业建设思路。① 新时代物联网、大数据、云计算等现代信息技术飞速发展。实现服务育人工作与互联网的高度融合，更有利于为广大学生提供便捷、高效的服务，有利于服务部门信息的公开与服务成效的及时反馈。要加强高校智慧后勤建设，应当顺应互联网时代发展的潮流，将互联网发展的最新成果应用于高校后勤服务全过程，以信息实时交互实现智慧后勤服务。新时代广东高校应当加大资金投入，积极进行技术改造和数据设备更新，进一步完善校园内部各种基础设施的管网数据库，全面提高管网数据库的运行能力。通过打造人性化、发展化的智慧服务平台，逐步使决策支撑更科学、使服务管理更高效、使工作安排更合理、使服务模式更多样、使服务执行更便捷、使服务文化更优质、使服务科研更丰富、使绩效考核更透明、使服务评价更公正、使信息公开更及时、使校园安全更稳定，从而提高服务育人的水平。

五、加强自我服务，体现主体价值

自我服务是高校大学生自我教育的重要途径。通过让学生自己服务自己，能够提高学生的生活实践能力，端正学生的劳动价值观，体现学生的服务主体地位，增强服务部门与学生之间的互动，使学生在换位思考中受到教育，从而增强服务育人的功能。在这方面，美国、英国、法国、日本等国的高校后勤都已积累了宝贵的经验。美国密歇根州立大学食堂，专职职工 108 人，兼职学生 350 人，规定一个学生每周劳动不超过 18 小时。这样做是为了让更多学生有在校劳动实践机会。英国提倡学生自己管理自己的生活。食堂由学生委员会管理，学生办食堂，房屋用具由学校拨给，学

① 王海峰，陈克建，许远远．服务育人视域下高校智慧后勤建设研究［J］．高校后勤研究，2018（3）：26－29.

生民主推选热心为大家服务的人主持，自负盈亏，定期公布账目，接受监督。①

广东高校服务部门决策者要清楚地看到大学生的自我教育与自我管理在其个人发展以及能力素质培养中所发挥的重要作用。通过建立与后勤服务密切相关的大学生社团组织，如大学生伙食管理委员会、宿舍管理委员会、文明护校队等，反馈服务情况，督查服务质量，增进大学生对服务工作的了解和情感，增进责任感，使思想品德得到升华，综合素质得到提高。后勤服务还可提供勤工助学和自主创业岗位，实行鼓励优惠政策，对学生进行岗前培训与规范化考核。有些岗位可以带有一定技术含量，如家电、电脑维修等，让大学生在参与服务活动中把理论和实践、感性认识和理性认识、直接经验和间接经验结合起来，训练解决问题思维，锻炼实际动手能力，真正做到学以致用，充分体现大学生的社会价值，也为日后毕业走向社会打下坚实基础。② 此外还可以为学生党员、志愿者提供志愿服务岗位。如保卫部等部门帮助学生组建治安服务队，协助维护校园秩序，组建兼职楼层长队伍，参与宿舍管理服务；通过安排学生帮厨、参与社区服务工作等。并通过定期召开学生代表座谈会，开展由学生参与评选的优质服务项目等活动，在让学生为改进和完善后勤服务出谋划策中增强学生的主人翁意识。③

六、考核服务成果，激发竞争驱动

健全的评价考核机制是直观判断服务育人成效，及时改进服务育人方案，完善服务育人工作统筹的必然要求。长期缺乏科学化、标准化的评价考核机制，导致广东高校后勤服务育人不能及时审视部门工作存在的不足，缺少各部门之间与员工之间的比较，没有形成竞争驱动，长期以来会导致

---

① 黎玖高，皮光纯. 高校后勤服务育人的过去、现在与未来［J］. 高校后勤研究，2017（S1）：113－120.

② 赵晓军，刘效凯，皮光纯. 高校后勤“服务育人”的历史、现状与长效机制建立［J］. 高校后勤研究，2018（A01）：49－53.

③ 高斌，类延旭，方仲奇. 新时期高校服务育人路径的思考［J］. 学校党建与思想教育（高教版），2009（10）：16－18.

服务工作者缺乏自我完善、自我提升的积极主动性，导致服务工作的发展缺乏动力，影响其育人水平。2017 年，中国教育后勤协会成立标准化技术委员会，标志标准化建设进入崭新阶段。通过建设高校后勤服务育人团体标准，评价后勤服务育人将更具规范性、科学性和权威性。①

新时代广东高校服务育人要建立完善的评价考核机制。首先各高校要明确其后勤服务育人的责任主体、最终目标、具体内容与详细分工，确定好做什么、谁去做、怎么做，人人对号入座。其次要加紧建立健全具有高校特色的服务规范和技术标准体系，完善对后勤服务保障能力和质量效益的评价标准体系和评价机制。建立及时、高效、优质、全覆盖的快速反应机制，建立后勤服务交流平台，畅通师生与后勤服务的沟通渠道……做好信息公开，促进后勤保障管理更加透明、阳光、规范。完善翔实的工作考核标准体系，强化量化考核，建立制度化的长效动力机制。以统一严谨的考核标准使服务育人工作更加规范化、科学化。高校决策者要做好总体蓝图的规划，要将服务育人工作纳入高校年度工作考核指标体系，细化评判标准，确保服务育人工作质量评价有据可依，实现对标超越，增强日常服务工作的科学性、合理性和实效性。②

七、形成服务合力，促进协同育人

所谓教育合力，是在一定时间内和一定社会环境下，各种教育所产生的综合作用。思想政治工作的单项教育很多，许多单项教育的综合效果往往比单项教育效果之和还要大。高校服务系统是由教务、就业、图书馆、食堂、宿舍、基建等各服务部门组成，部门之间的职务不同，运行方式也各有特点，因此其育人方式与育人着重点也存在差异。长期以来各部门封闭式服务育人的模式，不利于相互之间的经验交流与良性竞争的形成，长期下去容易造成服务育人的片面化，不利于服务育人的整体发展。

---

① 赵晓军，刘效凯，皮光纯．高校后勤“服务育人”的历史、现状与长效机制建立［J］．高校后勤研究，2018（A01）：49－53．

② 王刚．新形势下高校服务育人体系构建刍议［J］．今传媒（学术版），2019，27（1）：129－130．

新时代广东高校要对服务系统进行改革，树立“大服务”理念，加强各部门交流，促成部门联动，实现系统化的服务育人。高校内部应构建多部门合作共赢机制。定期举办座谈会、成果展览等活动，加强各服务部门之间的了解与交流。同时通过服务系统组织评优评先等方式，用部门之间的良性竞争促使彼此之间互相学习，共同发展。广东部分高校已在部门协同育人中做出了较好的成绩，比如“一站式”服务平台的建立。中山大学大后勤“一站式”服务平台于2013年10月启动建设，以后勤工作为主，实体平台也是由大后勤五个部门轮值（总务处、房地产管理处、保卫处、基建处及后勤集团），主要解决学生的生活问题。广东外语外贸大学“一站式”服务大厅于2014年11月28日正式运营，服务大厅秉承服务育人观念，将该理念渗透于学生工作的方方面面，最突出的成就便是将“服务育人”的观念寓于“一站式”服务大厅体系中，并把“服务育人”实践从后勤部门拓展到各个职能部门。广东外语外贸大学“一站式”服务大厅进驻学生处、教务处、校团委、就业指导中心、研究生处、财务处、教育技术中心、保卫处、后勤处等职能部门，为学生提供教务考务咨询、勤工助学、网络服务、后勤服务、户籍管理等服务。[①]“一站式”服务大厅通过实现职能部门的联动，有效整合资源、统筹全局，为学生带来良好的服务体验，值得在广东各高校中推广发展。此外，除了高校内部部门之间的协同联动，高校之间也必须建立合作联动。通过建立共赢共建、互动合作的协同创新，构建并推进院校协同、院所协同、校校协同、校企多主体的协同育人机制，充分发挥各服务环境在人才培养中的作用，使服务育人的作用发挥到最大化。

① 刘军，国佳，莫梓峰. 高校“服务育人”的实践与探索：以广东外语外贸大学一站式服务大厅为例［J］. 内蒙古师范大学学报（教育科学版），2016，29（10）：82－86.

参 考 文 献

[1] 张御辞，朱冠群，王令云，等. 全员育人格局下高校保卫工作研究［J］. 教育现代化，2018（46）：57－58.

[2] 徐骏，王绍让. 基于“三全育人”理念的高校保卫工作育人职能探析［J］. 理论纵横，2011，10（1）：88－89.

[3] 宋扬扬，王胜本. 基于协同治理理论下的高校后勤育人发展现状与建设路径［J］. 河北工程大学学报（社会科学版），2018，35（4）：25－27.

[4] 程向美. 新时代高校服务育人的新思考［J］. 山东纺织经济，2018（11）：28－31.

[5] 张景奎. 试论高校安全保卫工作的育人功能［J］. 经济师，2012（8）：102，105.

[6] 杨小报，范双利. 高校安全防控体系构建［M］. 南京：南京大学出版社，2010.

后　记

深耕细作，终有收获。经过辛勤研究、写作、编校，《广东高校服务育人工作研究》一书即将正式出版。这是凝聚心血和智慧的缤纷果实，如今已与初冬的纯净天色相互辉映，展现眼前，令人心生喜悦。

本书得以顺利面世，是源于团队始终本着立德树人、励教兴邦的初心使命投身教育事业，是源于团队都能读懂貌似细微平凡的“服务”二字背后有大境界，是源于团队在各自专业领域久久为功的实践、思考、凝练和呈现。

本书共分十一章，采取统纲统编、分头执笔的方法，编写提纲和章节体例由胡庭胜主持制定。具体章节执笔人分工如下：

第一章“绪论”由华维勇、郑珺同志撰稿；

第二章“广东高校服务育人的理论探索”由华维勇、葛玉荣同志撰稿；

第三章“教学管理服务育人的实践探索”由罗一帆、蓝晓丽同志撰稿；

第四章“图书馆管理服务育人的实践探索”由王中向同志撰稿；

第五章“财务工作服务育人的实践探索”由陈炫桦、梁志坤同志撰稿；

第六章“保卫工作服务育人的实践探索”由余怀中、叶春霏、高琳同志撰稿；

第七章“就业创业工作服务育人的实践探索”由于林平、陈璐、张杰、刘邦卫同志撰稿；

第八章“青年工作服务育人的实践探索”由徐能源、向娟同志撰稿；

第九章“基建工作育人功能的实践探索”由张华宾同志撰稿；

第十章“广东高校服务育人面临的挑战和创新思路”第一节由于林平、陈璐同志撰稿，第二节由罗一帆、蓝晓丽同志撰稿，第三节由黄水清同志撰稿，第四节由余怀中、叶春霏、高琳同志撰稿，第五节由刘新秀、谢子娟同志撰稿；

第十一章“新时代广东高校服务育人整体评价和未来展望”由徐能源、黄丹丽同志撰稿；

全书统稿、阅改由胡庭胜同志全面负责，华维勇、徐能源、史洪宇同志参与并协助全书统稿、阅改工作。

本书作为“广东高校服务育人工作研究”项目成果之一，在研究和写作过程中始终得到广东省内各大高校的大力支持，书中涉及的高校服务育人工作内容，都是凝聚着各高校长期扎根于立德树人工作任务的经验和汗水。华南师范大学党委宣传部、党委学生工作部、党委研究生工作部、教务处、基建处、财务处、保卫处、后勤处、校团委、图书馆等部门为本书提供了大量的基础素材，华南农业大学图书馆提供了第四章第四节的部分内容，广东外语外贸大学提供了第八章第二节的部分内容。葛玉荣同志参与了本书汇总整理工作，张芳胜同志参与了本书部分内容的校对工作。谨此，对所有关心、支持、帮助本书编撰工作的单位和个人致以衷心感谢！

由于我们水平有限，经验不足，本书疏漏之处在所难免，恳请方家和读者多批评、教正。

“广东高校服务育人工作研究”项目组

2022 年 11 月